法律法规释义系列

# 中华人民共和国
# 农村土地承包法导读

刘振伟 韩俊 主编

ZHONG HUA REN MIN GONG HE GUO
NONG CUN TU DI CHENG BAO FA DAO DU

中国法制出版社
CHINA LEGAL PUBLISHING HOUSE

# 编委会

**主　编**　刘振伟（全国人大常委会委员、全国人大农业与农村委员会副主任委员）
韩　俊（农业农村部党组副书记、副部长，中央农村工作领导小组办公室副主任）

**副主编**　张福贵（全国人大农业与农村委员会法案室主任）
赵　阳（农业农村部政策与改革司司长）

**编写人员**　王观芳　门　炜　管崇涌　尤小龙　梁志强
孙邦群　刘光明　刘春明　苏晓宁

# 目 录

地上万物，唯土为宝（代序） …… 1
**绪 论 巩固和完善农村基本经营制度** …… 1
**第一章 总 则** …… 1
一、修改农村土地承包法的必要性和可行性 …… 1
二、农村土地承包法的立法目的 …… 2
三、农村土地承包法调整的农村土地的范围 …… 6
四、农村土地承包经营制度 …… 7
五、土地承包与土地所有权性质 …… 10
六、农村集体经济组织成员享有承包权 …… 11
七、妇女农村土地承包权的保护 …… 13
八、农村土地承包的原则 …… 15
九、土地承包双方当事人合法权益的保护 …… 19
十、土地经营权的流转 …… 23
十一、土地经营权流转合法权益的保护 …… 26
十二、土地承包经营中土地资源的保护 …… 27
十三、农村土地承包中相关部门职责的规定 …… 31

第二章 家庭承包…………………………………………… 36
第一节 发包方和承包方的权利和义务……………… 36
一、家庭承包概述………………………………………… 36
二、发包方…………………………………………………… 40
三、承包方…………………………………………………… 42
四、发包方的权利、义务………………………………… 43
五、承包方的权利、义务………………………………… 49
第二节 承包的原则和程序……………………………… 56
一、承包原则……………………………………………… 56
二、承包程序……………………………………………… 57
第三节 承包期限和承包合同…………………………… 60
一、农村土地承包期限…………………………………… 60
二、农村土地承包合同…………………………………… 63
三、农村土地统一登记及土地承包经营权证书…… 69
四、发包方不得随意变更或者解除承包合同……… 75
五、不得干涉农村土地承包……………………………… 77
第四节 土地承包经营权的保护和互换、转让……… 78
一、土地承包经营权的保护……………………………… 79
二、承包期内承包地的个别调整………………………… 83
三、承包期内承包地的自愿交回………………………… 93
四、妇女土地承包权益的保护…………………………… 97
五、家庭承包权益的继承………………………………… 99

六、土地承包经营权的互换 …………………… 101
七、土地承包经营权的转让 …………………… 103
八、土地承包经营权互换、转让登记 ………… 105
第五节　土地经营权 …………………………… 107
一、土地经营权的定义及相关权利 …………… 108
二、土地经营权的流转 ………………………… 109
三、土地经营权登记 …………………………… 113
四、工商资本取得土地经营权 ………………… 114
五、土地经营权融资担保 ……………………… 116

**第三章　其他方式的承包** ……………………… 118
一、其他方式的承包 …………………………… 118
二、其他方式承包的土地承包合同 …………… 123
三、本集体经济组织成员的优先承包权 ……… 124
四、给本集体经济组织以外的单位和个人的发包程序 ………………………………………… 125
五、以其他方式承包取得的土地经营权的流转 … 126
六、以其他方式承包取得的土地经营权的继承 … 126

**第四章　争议的解决和法律责任** ……………… 128
一、争议解决的途径 …………………………… 128
二、侵害土地承包经营权、土地经营权的民事责任 ……………………………………………… 133

三、发包方侵害土地承包经营权承担的民事责任 …… 135
四、承包合同中违背意愿的内容无效 …… 140
五、承担违约责任的法律适用 …… 141
六、强迫互换、转让或者流转无效 …… 143
七、违法截留、扣缴互换、转让或者流转收益应予以退还 …… 144
八、非法征收、征用、占用土地或者贪污、挪用土地征收、征用补偿费用的法律责任 …… 145
九、违法将承包地用于非农建设的法律责任 …… 147
十、擅自改变土地用途、弃耕抛荒、给土地造成损害的法律责任 …… 148
十一、国家机关及其工作人员违法干涉的法律责任 …… 149

第五章　附　则 …… 152
一、关于二轮承包的效力 …… 152
二、限制预留机动地 …… 154
三、省级人大常委会制定实施办法 …… 155
四、农村集体经济组织成员身份 …… 156
五、法律实施日期 …… 156

## 附　录

中华人民共和国农村土地承包法 …………………… 158
全国人民代表大会常务委员会关于修改《中华人民共和国农村土地承包法》的决定 ………… 175
《中华人民共和国农村土地承包法》修订前后对照表 ………………………………………… 186
关于《中华人民共和国农村土地承包法修正案（草案）》的说明 ……………………………… 221
全国人民代表大会宪法和法律委员会关于《中华人民共和国农村土地承包法修正案（草案）》修改情况的汇报 …………………………… 227
全国人民代表大会宪法和法律委员会关于《中华人民共和国农村土地承包法修正案（草案）》审议结果的报告 …………………………… 232
全国人民代表大会宪法和法律委员会关于《全国人民代表大会常务委员会关于修改〈中华人民共和国农村土地承包法〉的决定（草案）》修改意见的报告 …………………………… 236
农村土地承包经营情况 ……………………………… 239

# 地上万物，唯土为宝
## （代序）

吉炳轩

## 一、

地上万物，唯土为宝。由于土地是人类赖以生存的基础，是最基本的生产资料，也是最重要的财富象征，因此人类社会发展史无不与土地紧密相连。历代王朝的兴衰无不与土地制度紧密相关。

中国历史上的夏、商、周三个王朝，其土地制度是国有制，其实质是王有制，土地归最高权力者所有。“普天之下，莫非王土，率土之滨，莫非王臣。”国王把王畿之内的土地作为自己直接管理的领地，王畿之外的土地连同土地上的人民分封给王室子弟和功臣使用，即分封制。诸侯在其封国内有世袭的统治权，对天子有服从命令、定期朝贡、提供军赋和力役等责任。诸侯有权把自己的一部分封地分赐给自己的臣属，但对所分得的土地与人民，只有使用权，没有所有权。土地的层层分封，形成了土地所有的等级结构。在土地经营制度上采取的是井田制经营方式。

所谓井田制，据《孟子·滕文公上》记载："方里而井，井九百亩，其中为公田。八家皆私百亩，同养公田。公事毕，然后敢治私事。"这里说的公田，是指领主的土地；说的私田，是指领主分给人民的份地。一定范围的土地按"井"字形划分为若干等量的方块，井田之中，分得私田的人要无偿耕种公田，养活土地所有者。井田制的基本内容是，土地占有权与所有权分割，即各级受封者对土地只享占有权，无私有权，不能买卖土地；平均分配土地；通过平均授田而形成的份地，逐步走向固定化。

到了西周末年，由于生产的发展和荒地被大量开垦，各国诸侯、卿、大夫的私田数量不断增加，同时为了在公田上确立自己的私有权，许多诸侯、卿、大夫事实上已把公田逐渐变成了私田，大量兼并土地，周天子也无法干预。统治阶级内部矛盾加剧，诸侯之间的战争以及来自西北游牧民族的威胁，使兵役繁重，田地里的农户受到压榨和剥削，不得不抛弃家园，逃亡他乡。

到了春秋战国时期，各国都按宗法关系而进行分封，土地制度依然沿袭西周的井田制。春秋早期，农户在种私田之外，还须共耕公田，向领主提供力役地租。但是随着农业生产率的提高，牛耕和铁制农具的普及应用，种公田一事越来越行不通了，农户在公田里劳作比在私田里"有所匿其力也"，就是干活不下力了，这同以后我们在生产队干活中不少人出工不出力有点类似。公田荒芜的现象日趋严重。土地领主便放弃共耕公田的办法，而代之以实物地租的办法来收取财物。各诸侯国的新兴力量也对土地制度不断加以改革。其中，鲁国在公元前594年，实行按亩征税的田赋制度："初税亩"。即按田亩征税，不分公田、私田，凡占有土地者均按土地面积纳税，税率为产量的10%。这一制度是承认私有土地合法化的开始。初税亩的实行增加了国家财政收入，列国纷纷仿效鲁国的"初税亩"制。

居于西北地区的秦国在公元前356年，也就是秦孝公当政时期，进行了社会改革，推行商鞅变法。商鞅变法的主要内容为：废除贵族世袭特权，按军功大小给予爵位等级，加强新兴地主阶级的社会地位；废除井田制，准许土地买卖；奖励耕织，生产多的可免除徭役；创立按丁男征赋办法；并乡邑为三十一县；推行连坐法；统一度量衡；等等。其中废除井田制，正式承认土地的私有和准许土地买卖，由国家统一收税，标志着秦国封建土地所有制的确立。商鞅变法奠定了秦国富强的基础，为完成统一六国提供了必要的物质条件。

到了汉代，由于废除井田制后土地可以自由买卖，加以帝王给官吏赏赐大量的土地和黄金，富者越富，贫者日贫。到汉武帝时，便出现了严重的土地兼并和贫富悬殊问题。汉代初年董仲舒向朝廷建议，提出了“限田”的主张，即国家要采取政策，限制私人占有土地的数量，但收效不大。到了西汉末年，土地兼并更为严重，师丹再次提出限田主张，汉哀帝据此颁布了限田诏书，规定不论贵族、平民，所占“名田皆毋过三十顷”，以三年为期，到期如占田数仍超过限额，多余部分没收归官。限田制是汉代缓解阶级矛盾的一个重要土地改革政策，它对后世有很大影响。

三国时期由于战争的需要，出现了曹魏所实行的解决军粮危机的一种土地制度，即屯田制。这一制度也是源于西汉。公元前 169 年，汉文帝以罪人、奴婢和招募的农民戍边屯田，到汉武帝时调发大批戍卒屯田西域。当时屯田主要集中于西部、北部边陲，主要方式为军屯，且规模不大。东汉末年，战乱频仍，社会生产力遭到极大破坏，军粮和民食奇缺是当时最主要的社会矛盾。曹操根据谋士的建议，公元 196 年，在许都（今河南许昌）附近进行屯田，由典农官募民耕种。还设置了“屯田都尉”这一官职，进行专人管理。当时曹魏实行的屯田，有民屯和军屯两种。民屯就是政府招募流亡农民，把他们按军事编制组织起来垦荒种地。民屯每 50 人为 1 屯，屯置司马，其上置典农都尉、典农校尉、典农中郎将等管理机构和官员，实行垂直管理，不隶属郡县。收成与国家一半或一半以上分成。屯田农民被称为屯田客，不得随便离开屯田。军屯是用士兵进行生产，驻军一面戍守，一面种地，父死子继，兵士逃亡，家属抵罪。屯田制给曹操“摧灭群逆，克平天下”提供了雄厚的物质基础。这也是靠武力强加给农民和士兵进行耕种的一副沉重的枷锁。

西晋北魏时期，实行的是占田制和均田制。曹魏后期，政治日益黑暗，许多屯田被贵族官僚据为己有，剥削不断加重，大量的屯田客沦为私家的农奴。这样的屯田已无法再继续下去。为了保证国家掌握适当数量的土地、劳动力和赋税收入，西晋司马氏政权决定罢屯田官，颁布占田法令。所谓“占田”，是政府规定人们占有土地的一个假定指标。占田法规定“男子一人占田七十亩，女子三十亩”。这个占田亩数，并不是国家按照指标具体分配土地给农民，而只是一个占田的规定限额。占田制对鼓励农民垦荒种植，发展农业生产，有一定的积极意义。由于农业生产的恢复和发展，出现了西晋太康年间短暂的比较安定和繁荣的局面。这一制度的制定，虽然带有阻止土地兼并的意义，但对于地主阶级来说，他们的占田没有受到限制，也丝毫未触动世家豪族大地主的既得利益，他们占有的土地权益，仍然远远超过劳动人民。这也造成了大批农民抛弃土地，逃亡他乡，不断发动起义，最终加速了西晋政权的崩溃。西晋灭亡后，中国历史上再未实行过类似占田制的土地制度，但它为后世均田制的颁行提供了不少的借鉴。

北魏初年，经过长期战乱，华北及中原土地荒芜，地籍散乱，豪强兼并，大批农民流离失所。入主中原的是鲜卑族统治者。北魏统一北方半个中国后，在赋税征收和徭役调发上遇到很大困难。为了解决官府封禁和豪强兼并土地过多、小农纷纷失去土地的矛盾，公元485年，北魏孝文帝根据李安世《均田疏》的建议，颁行了“均田令”。均田令的原则是计丁授田，其主要内容规定凡男子十五岁以上，授田四十亩，妇人二十亩，奴婢与平民一样授田。均田令名为均田，但基本上保持了原有土地占有不均的状况。豪族地主拥有众多的奴婢，按均田令的规定，应分到许多土地。如果一个大地主拥有数十或数百名奴婢，就可以分到数千亩土地。尽管如此，均田令在当时是有积极意义的，如规定每户占有土地的数量，并不准买卖。这些规定在一定的时间内和一定程度上，限制了豪强地主兼并土地。国家公开授田，有助于开垦荒地，发展生产；自耕农增多，户口滋殖，也有利于国家征收赋税和调发徭役。北魏推行的均田制作为中国古代重要土地制度之一历时约三百年，一直持续到唐代。

隋末农民大起义沉重打击了地主豪绅，造成地旷人稀，无主荒地连片。公元624年，唐高祖李渊下令继续实行均田制。规定：百姓授田，丁男授田一百亩，其中二十亩为永业田，可以传给子孙，八十亩为口分田，死后交还官府。贵族官僚授田，依爵位高低分别授永业田一百顷至五顷，职事官从一品到八九品授永业田六十顷至二顷，散官五品以上同职事官，授永业田三十顷至六十亩，在职官都有不等的职分田，田租补充俸禄，离任移交。各级官府也有不等的公廨田，田租作办公费用。允许土地买卖，贵族官僚的永业田和赐田可自由出卖，百姓迁移和无力丧葬者也准卖永业田，买田不得超过本人应授田数。

唐代均田的办法和前代相比发生了很大的变化：授田的对象跟前代有些不同，即寡妻妾以外的一般妇人、官户以外的一般奴婢和牛都不授田，而增加了僧尼、道士、女冠和工商业者可以授田；从中央到地方的各级官吏都可普遍授田，官越大，授田越多；土地买卖的限制松弛；优待府兵官兵。唐朝在颁布均田制的同时还颁布了租庸调制，规定授田农民不管土地财产多少，每丁每年一律向国家纳租粟二石，绸绢二丈，绵三两或布二丈五尺，麻三斤；服役二十天，若不服役，每天纳绢三尺或布三尺七寸五分，叫作庸。贵族官僚享有免纳租调和不服徭役的特权。

唐朝的均田制自公元 624 年颁行，至唐大历年间（公元 766 – 779 年）废弛，共推行了 150 多年。实行均田制有利于农业生产的恢复和发展。一些离乡背井或无地少地的农民得到一块土地可以耕种，生活较为安定，提高了农民的生产积极性。耕地增加了，粮食产量也增加了。唐代中叶，由于社会生产力的提高和商品经济的发展，土地兼并空前盛行，国有土地通过各种方式不断地转化为私有土地，政府控制的土地日益稀少，甚至无地授田。同时，唐政府对原来授田的农民横征暴敛，农民不堪忍受，或纷纷逃亡，或出卖土地而投靠贵族官僚地主为佃客。唐德宗建中元年（公元 780 年），两税法颁布，均田制最后瓦解。两税法的主要内容是国家按预算支出的总额来确定两税总额，分摊给各州，只征户税和地税两项，分夏秋两季征收。

宋朝的土地制度比较复杂，有多种形式，这也是当时历史发展的结果。土地集中的过程就是农民倾家荡产、流离失所的过程。北宋中叶，阶级矛盾和民族矛盾加剧，小规模的农民起义不断在各地爆发。鉴于唐末黄巢起义，公元 1068 年，宋神宗为缓和阶级矛盾，命王安石变法。变法内容很广泛，其中涉及土地制度与农业税赋的有青苗法，规定在每年的正月和五月分两次贷钱或粮食给农村住户，利息二分，使农民在耕种、收获时节不至于缺乏种子和食粮，能够按时耕种。募役法规定，由州、县官府出钱雇人应役，使原来轮流充役的农村居民回乡务农，原来享有免役特权的人户缴纳役钱。方田均税法规定，每年九月由县官丈量土地，检验土地肥瘠，分为五等，规定税额。丈量后，分发土地帐帖，作为“地符”，以限制官僚地主兼并土地，隐瞒田产和人口。农田水利法规定，奖励各地开垦荒田，兴修水利，修筑堤防圩岸，由受益人按户等高下出资兴修。王安石变法以“富国强兵”为目标，实施新法前后将近15年。每项新法推行后，基本上都收到了预期的效果，使豪强兼并和高利贷者的活动受到了一些限制，使中、上级官员、皇室减少了一些特权，减轻了乡村上户地主和下户自耕农的部分差役和赋税负担，增加了国家财政收入。但是各项新法由于触犯了中、上级官员、皇室、豪强和高利贷者的利益，最终被罢废。

到了北宋末年，统治阶级日益腐朽，财政入不敷出。为弥补财政赤字，在公元1111年设置了专管掠夺私人土地的机关“西域括田所”，名义上是要把一些天荒或死绝逃亡户的土地没收，作为公田，而实际上是强占肥沃土地，把原业主迫充佃户，向政府交纳租课。这一“括田”行动也使官僚豪绅依仗权势大量掠夺私家土地。北宋末年宋江领导的北方人民起义主要就是北宋政府“括田”之举激起的。当时梁山泊被“括田所”收为“公田”，课税繁重，酷吏残暴，民不聊生，民众起而反抗。两宋（北宋、南宋）时期，土地所有制集中表现在“官田”的扩大上。两宋的官田，除了沿袭唐、五代的所有官田之外，还集中了大量无主荒地，籍没的田地以及购买的大量田地。这些官田包括：赐田，赏赐给皇族、勋戚、功臣、官吏等，以换取他们的忠诚和支持；职田，即按官职品级给其用做俸禄的田地；学田，即用作各地书院学舍办学经费开支的田地；皇室直接具有的田地；屯田和营田；仓田，即官府没入田地所收租谷的储存场地；牧地及其他。可以说是五花八门，实质上是在保护官僚和大地主的利益。

元朝是蒙古族建立的政权。蒙古族是游牧民族，在进入到中原以前，农业生产很少，也就无所谓土地制度。元灭金和南宋以后，在沿袭了它们封建土地关系的同时，形成了具有其特点的土地制度。元朝的土地所有制结构主要是国家土地所有制、领主土地所有制、地主土地所制和自耕农土地所有制。国有土地，即元朝统治者接收的金、宋遗留下来的官田和战争造成的无主土地，还有没收的金、宋旧贵族、旧官僚及一些地主的土地，以及搜刮的自耕农的土地。这些土地一部分被皇帝私人占有，出租给佃农，收取地租，主要分布于江南地区。还有一些国有土地以分地、赐田等形式分配给贵族、官僚、寺院等，据史料记载大约有 1855 万亩，以后逐渐转化为私有土地。此外，还有元朝政府直接占有的土地，包括屯田、职田、学田、草田、牧地等。领主土地是元朝政府给予王公贵族的分地，即为贵族领地。贵族对其分地享有世袭占有权、征税权和治民权。领地内的劳动者实际上是贵族领主的农奴。他们不在国家的编户之内。地主土地，元朝的地主分为贵族、官僚、寺院地主和一般平民地主。前者不仅通过国家的恩赐获得大量的土地，而且还通过强占和受献的方式攫取土地。后者的土地大部分是通过买卖、典当的方式获得。地主土地的经营方式主要采取租佃制，地租形态仍以实物地租为主。自耕农土地，自耕农是国家的编户，拥有小块的土地，独立经营。他们是国家赋税的主要承担者。

明清两代全国的耕地面积比以前有了大幅度的增加。据明万历六年（公元 1578 年）统计，全国的耕地面积达到 7.84 亿亩，比宋代强盛时期约增加 40%。清嘉庆十七年（公元 1812 年）耕地面积达到近 8 亿亩，鸦片战争前后更增加到 10 亿亩。耕地面积的大幅增加，土地制度变得愈加复杂和多样化。明清的土地所有制从大的方面来看，划分为官田和民田。官田属于国家所有，民田属于地主与自耕农所有。在明万历六年（公元 1578 年）全国共有耕地 7.84 亿亩，其中官田约为 0.83 亿亩，民田约为 7.01 亿亩。清嘉庆十七年（公元 1812 年）全国约有官田 0.84 亿亩，民田 7.05 亿亩。由此可以看出，在明清时期，土地国有已趋崩溃，土地私有制占主导地位。

官田。明朝官田主要由若干部分构成：宋、元时期的入官田地，还官田，没官田，断入官田，学田，皇庄，牧马草场，城壖苜蓿地，牲地，园陵坟地，公占隙地，诸王、公主、勋戚、大臣、太监、寺观赐乞庄田，百官职田，边臣养廉田，军、民、商屯田。明朝的屯田主要有三种形式，即军屯、民屯和商屯。明初屯田很多，并且以军屯为主。明洪武二十六年（公元 1393 年）军屯达到 9033 万亩，由各卫所的军丁耕种。明中期以后，军屯遭到破坏，有些屯军将田地转嫁给别人耕种，收取地租；有些地方屯军逃亡，官府只能招人租种田地，甚至屯田被盗卖。所以到嘉庆四十一年（公元 1562 年），屯田只剩下 6443 万亩。民屯和商屯在明中期以后也逐渐废止。清朝的官田主要来源于：承袭明朝遗留下来的旧官田、山、荡、林场、草场以及部分明废藩田产；清初八旗旗人在北京附近及其各驻防地圈占来的土地和“投充地”；因明末战乱而荒废的无主田地以及没收来的罪犯田地。清朝官田的数量减少，名目也比较简单，主要是官庄、旗地和屯田。清朝的官庄旗地，即为清朝初年的圈占地。清初，满族统治者在定都北京以后，曾三次下令圈占土地，即“跑马圈地”。就是用暴力手段对京畿、山东、山西、四川、陕西、宁夏等地区的民田进行了大量的圈占。这种掠夺土地的野蛮行径从顺治元年（公元 1644 年）开始，一直持续到康熙二十四年（公元 1685 年）结束，四十年有余，共圈占土地两千多万亩。清朝统治者将其分别留归皇室和赏赐给宗室皇族、亲王、勋戚、有功八旗官员兵士等，允许永久占有。后来随着社会经济的发展，其性质发生了变化，这些土地逐渐变成了王公贵族的私有土地。清朝政府规定旗地“不准典卖与民”，可是随着旗人的分化，康熙年间就出现了典卖旗地的现象，以后愈演愈烈。直至鸦片战争以前，典卖旗地的现象仍然存在。清朝末年，典卖旗地更为广泛，清政府被迫于光绪三十三年（公元 1907 年）终于承认旗地买卖的合法性。清朝的屯田分为军屯和民屯。军屯在边疆，民屯在内地，主要以军屯为主。军屯主要是为解决各地驻军的兵饷和军需供应而兴办的。在清政府的财政开支中，“兵饷居其八”。兴办军屯，“以驻郡县之兵，耕郡县之地”，是解决兵饷的重要途径。民屯，即由各府州县招募流民屯田垦荒，由国家贷给牛、种、农具、口粮、住房及生产费用。由于各地情况不同，对其管理也不尽相同。

民田。掌握在地主和自耕农手里升科纳税的田地。明清时期这类土地约占全国耕地面积的 80% 以上，是政府财政收入的主要来源。明朝初年，大量土地被抛荒。明太祖朱元璋为了增加财政收入，积极鼓励人民垦荒，所垦荒地作为永业，免除三年的地租。以后又规定除了纳税的土地以外，额外垦荒土地归其所有，且永不征税。此项政策实行了七十多年，对农业的恢复和发展起到了积极作用，全国的垦地面积不断扩大，农村里中小地主和自耕农的数量有了很大的增加。明代地主经济得到了进一步的发展，对土地买卖的种种限制逐渐被破除。“田宅无分界，人人得以自买自卖。”明朝中期以后，由于土地买卖频繁，土地的兼并愈演愈烈，特别是一些权贵、大官僚、乡官等利用购买的方式兼并了大量的土地。这种购买方式多为巧取豪夺，低价购买，从而使大量的自耕农甚至中小地主破产，人民流离失所，社会矛盾激化，最后酿成了李自成领导的农民起义。清政权汲取明朝灭亡的历史教训，限制权贵官僚绅士地主等大肆兼并土地，采取了一些措施来限制他们的恣意妄为。清代，无功名爵位的庶民地主、商人地主大大增加，他们把持着大量的民田。此外，还存在着一些自耕农，他们通过开垦无主荒地或获取了原来明朝地主的土地而成为土地的占用者。因为他们耕作的是自己的土地，所以肯于在土地上投入更多的精力和工本，以提高单位面积产量。

## 二、

由于土地是农民的生存之根、繁衍之本，因土地问题而引发的斗争也接连不断。在封建社会，从皇帝大臣到贵族官僚以及豪绅地主，都利用各种手段巧取豪夺农民土地，使大量农民流离失所。同时，繁重的徭役、兵役又迫使农民离开了土地，失去了生存保障。农民起义此起彼伏，多是因土地问题而起。尽管一些封建帝王为了巩固统治基础，对土地制度进行过改革或改良，但封建土地制度的本质没有变，大量土地集中在少数人手里的社会特性没有变，农民的反抗也一朝一代没有停止过。可以说，农民起义的本质就是对土地制度的抗争。正因如此，“耕者有其田”“迎闯王，不纳粮”等涉及土地的口号，才能唤起改朝换代的巨大力量。

中国的封建社会从秦朝开始，土地作为封建经济最重要的生产资料，是在秦朝走向私有化的。秦朝徭役繁重，使大量农民离开了土地。修阿房宫和骊山陵墓常年役使70万劳动力，筑长城40余万人，南戍五岭50余万人，军队仅蒙恬将军所率就有30万人，四者合计190万人，这还不包括在关中和关外修建7000处离宫别馆的劳动力。加上为上述劳工输送粮草保证供应的人，总共约有400万人服劳役、兵役，而当时全国人口也只有2000万左右，除去400万劳动力后，剩下的就都是些老弱妇孺了。而偏偏又是这些老弱妇孺承担着全国人民的资用和浩大工程的资费，自然其赋税就极端繁重了，从而使人民陷于“男子疾耕不足于粮饷，女子纺绩不占于帷幕，百姓靡敝，孤寡老弱不能相养，道路死者相望”的绝境。在这样的社会背景下，到渔阳戍边的900个农民，由于水毁道路，不能按期到达，面临着逃跑、起义都是死的终极抉择，于是他们在陈胜、吴广的号召下，揭竿而起，中国历史上第一次大规模的农民起义就这样爆发了，并以此把秦王朝推上了灭亡之路，使当年秦始皇所期望万世流芳的帝国基业，只存在了15年。

东汉是由西汉的豪族地主建立的政权，他们不可能把兼并到的土地重新分配，甚至连度田令，即检查垦田与户口实数以征收田租和人口税的法令都无法实施。不但不敢问河南帝城近臣和南阳帝乡近亲的土地人口，而且还遭到“郡国大姓”的反抗。汉光武帝平息叛乱后，不得不停止度田制，放弃了限制打击豪强地主的政策。从此，豪强地主的田庄经济在东汉一代几乎不受限制地发展起来，导致贫民难以生存，如封建官吏崔寔在《政论》中所言，“父子低首，奴事富人，躬帅（率）妻孥，为之服役”，“历代为虏，犹不赡于衣食，生有终身之勤，死有暴骨之忧，岁小不登，流离沟壑，嫁妻卖子”，最终导致“百姓穷匮而为奸寇”，造反起义。

唐朝贯彻了从北魏开始颁行的均田制。这是在不否定私有制的前提下实施的，不可能真正实现人人平均分配。农民实际所受田地面积普遍不足，一般只达规定的1/3左右。唐朝租庸调制规定，贵族官僚享有免纳租调和不服徭役的特权，而恰恰又是他们占有最多土地。土地分配不均和赋税不平等，又加上允许土地兼并，便出现了“富者田连阡陌，贫者无立锥之地”的现象。这就使土地不断减少的小农的税赋双重上升，农民失去土地，被迫逃亡，而统治者还要实行“摊逃”，把逃户的赋税分摊到未逃的农户身上，结果促使更多的农民逃亡。据《旧唐书·李渤传》记载，渭南县长源乡400户农民因不堪重负而大量外逃，村中仅剩100户，阌乡县（今河南灵宝）3000户只剩1000户。人民无法继续生活下去，只有起来反抗。这使得唐朝农民起义一浪高过一浪，“所在群盗，半是逃户”，破产农民成为起义军的基本群众。其中著名的起义军领袖有李密、窦建德、刘黑达，以及唐朝末年黄巢等。黄巢领导的农民军从中原到江南，横扫大半个中国，最后占领了长安，建立了新政权。

在宋代，不立田制，放任垦荒，对豪族富家的土地兼并也不进行约束，造成了日后的兼并狂潮。宋朝一开始就被土地兼并导致的社会危机所困扰，其后的括田危害更大。括田以括荒地为名，强占民田，迫使成千上万的农民充当政府的佃户。全国70%的土地掌握在13%左右的上等户手中。北宋初期的天府之国四川更为严重，土地高度集中，客户的数量已高达全境人口的百分之七八十，豪强地主往往占有几百家以至上千家的“旁户”。这些被称为旁户的佃客要承担地主应向统治者缴纳的各种课税，受到奴隶一样的待遇。北宋统治者在向四川加征茶税等税赋时，终于引发了以茶农王小波为领导的几百旁户在青城的起义。王小波提出了“吾疾贫富不均，今为汝均之”的口号，向地主阶级发起猛攻，得到了广大贫苦农民的响应，

“旬日之间，归之者数万人”。

明太祖采取了承认被农民耕垦的土地归农民所有、奖励开荒等一些有利于社会经济恢复和发展的措施，但兼并土地也未停止，最严重的是皇帝对皇亲贵族和官僚功臣的赐田。刚开始，这种赐田还有节制，但发展到后来，成为最严重的土地侵夺。自洪武九年允许开辟庄田以来所形成的皇庄、王府庄田以及勋戚庄田所占夺土地最甚。明代仅王府庄田（不含勋戚庄田和皇庄）就达二三十万顷之巨，而全国耕地面积，在洪武二十六年（公元1394年）才850余万顷。到明熹宗下令赐桂、惠二王田而各州县无地可拔时，竟令各地人民分摊银租，叫“无地之租”。加上一般地主、豪绅富室也通过巧取豪夺，少者占田数百亩，多者上万亩，导致明末土地极度集中，广大农民倾家荡产，被迫沦为佃户、长工。在浙江和福建，农民有田者占1/10，其余9/10是佃农，安徽地区“绝无一亩者居十之七八”。田租也日益苛重，江南地区，农民1亩所收，多者不过3石，少者只有1石，而地主向农民征收的地租，一般在一石二三斗，个别地区高达2石。在福建地区，有田的地主可以“坐享七成之利”。土地问题而引发了明末农民大起义，李自成领导农民军攻入了北京，明末代皇帝上吊自杀。李自成起义的成功就是因为提出了“均田免粮”的口号和实行平买平卖、开仓济贫等政策。

## 三、

由于土地问题的极端重要，我们党从建党之初，就高度重视并认真研究和解决土地问题。

在第一次国内革命战争初期（公元 1924 – 1927 年），党就在广东地区开始实行了“减租”“减息”的土地政策。1927 年 4 月召开的党的“五大”，通过了《土地问题决议案》，指出“必须要在平均享用地权的原则之下，彻底将土地再行分配”“将耕地无条件的转给耕田的农民”。1927 年的“八七”会议确定了土地革命的总方针，对土地政策作出了一些规定，主要内容有没收大地主及中地主的土地，分这些土地给佃农及无地的农民；没收一切所谓公产的族祠庙宇等土地，分给无地的农民等。1928 年 6 月 18 日至 7 月 11 日的中共六大通过的《土地问题决议案》规定，无代价没收豪绅地主阶级的土地财产，没收的土地归农民代表会议苏维埃所有，分配给无地、少地的农民使用；祠堂、庙宇、教堂的地产及其他的公产或无主的荒地沙田，都归农民代表会议（苏维埃）处理分配给农民使用；各省区中的国有土地的一部分，作为苏维埃政府移民垦殖之用，分配给工农红军的兵士供其经济上的使用。在井冈山革命斗争时期，1928 年 12 月颁布了《井冈山土地法》，这是工农民主政权的第一部土地法，第一次用法律的形式规定了农民分配土地的权利。《井冈山土地法》规定，没收一切土地归苏维埃政府所有，以分配农民个别耕种为主，遇特别情况或政府有力时兼用农民耕种和由苏维埃政府组织农场耕种两种方法；一切土地，经苏维埃政府没收并分配后，禁止买卖等。1929 年 4 月，毛泽东在兴国主持制定了《兴国土地法》，把“没收一切土地”改为“没收一切公共土地及地主阶级的土地”，这是一个重大原则的改正。1930 年 8 月制定的《中国革命军事委员会土地法》，仍然肯定了过去的一系列正确做法。

从 1931 年 1 月党的六届四中全会到 1935 年 12 月瓦窑堡会议前夕，是王明“左倾”机会主义路线土地政策的时期。王明路线的过左的土地政策，主要是“地主不分田，富农分坏田”，企图从肉体上消灭地主，从经济上消灭富农。1931 年 11 月，中华工农兵苏维埃第一次全国代表大会通过了《中华苏维埃共和国土地法》。从 1935 年 12 月瓦窑堡会议前夕到 1937 年 7 月抗日战争爆发，是党的土地政策的转变时期。中央在 1935 年 12 月 16 日作出了《关于改变对富农策略的决定》，指出：在国民党统治区，“我们应该联合整个农民，造成广泛的农民统一战线，故意排斥富农（甚至一部分地主）参加革命斗争是错误的”。在革命根据地，“对于富农，我们只取消其封建式剥削的部分，即没收其出租的土地，并取消其高利贷”。“七七”事变和

“八一三”事变之后，通过了《抗日救国十大纲领》，正式提出了“减租减息”的土地政策。1947 年，也就是解放战争时期，中央在西柏坡召开土地会议，制定公布了《中国土地法大纲》，共有 16 条。其主要内容有：宣布废除封建、半封建性剥削的土地制度，实行耕者有其田制度；规定土地改革须遵守的原则是依靠贫雇农，团结中农，保护工商者，正确对待地主富农；确定以乡村为单位、按人口平均分配一切土地的土地分配办法，地主及其家属、国民党官兵家属也可分得与农民同样的土地和财产；确认人民对所分得土地的所有权。

中华人民共和国成立后，在建国初期（1949 年—1956 年），我们党继续推行土地改革政策。一是进行农村土地改革。1950 年 6 月 9 日，刘少奇在党的七届三中全会上做了《关于土地改革问题的报告》，1950 年 6 月 30 日颁布了《中华人民共和国土地改革法》，明确规定和阐述了土地改革的路线、方针和政策。其主要内容有：废除地主阶级封建剥削的土地所有制，实行农民的土地所有制。对工商业采取保护政策，地主、富农兼营的工商业及其直接用于经营工商业的土地和财产，不予没收。二是进行城市土地改革，主要内容有：城市郊区所有没收和征收得来的土地，一律归国家所有，由市人民政府管理，连同国家在郊区所有的其他农业土地分配给无地少地农民耕种使用。城市郊区使用机器耕种或有其他进步设备的农田以及农事试验场、菜地、果园等，无论其为地主或农民所经营，或其土地所有权是否变更，均由原经营者继续使用。国家因建设需要收回农民耕种的国有土地或征用私人所有的农业土地时，应给耕种该土地的农民以适当安置。这一时期的土地经营形式，基本上是以小土地私有制为基础的农民个体经营。这一时期，农村建立了互助合作组织，土地管理也逐步由社员私有而转向集体所有。

1956 年 9 月，中共中央八大召开，开始了社会主义建设道路的初步探索。八大确定了党在新的历史时期的根本任务，继续推行农业合作化，到 1956 年年底，全国农业合作化基本完成，个体农民土地私有制也宣告结束。从 1959 年到 1966 年是人民公社时期，在人民公社初期，浮夸风、命令风、干部特殊化和瞎指挥等“共产风”泛滥成灾，破坏了生产秩序，影响了生产力的发展。1962 年 9 月 27 日，党的第八次中央委员会第 10 次全体会议通过了《农村人民公社工作条例修正草案》，对农村土地政策作了规定，主要内容有，生产队范围的土地都归生产队所有，生产队所有的土地，包括社员的自留地、自留山、宅基地等一律不准出租和买卖。生产队所有的土地不经过县以上人民委员会的审查和批准，任何单位和个人都不得占用。要爱惜耕地，基本建设必须尽可能地不占用或少占用耕地。集体所有的山林、水面和草原，凡是归生产队所有比较有利的，都归生产队所有。生产队可以把零星的树木交给社员专责经营。并且可订立收益分配合同，或划归社员所有。土地、山林、水面、草原的所有权和经营权，经过社员大会或社员代表大会讨论同意，定下来后，长期不变。在不破坏水土保持，不破坏山林，不破坏草原的条件下，生产队有权在本队范围内开垦荒地，经营荒山和充分利用一切可能利用的资源。1963 年 3 月 20 日，中央下发了《关于社员宅基地问题》的文件，主要内容有：社员宅基地（包括有建筑物和没有建筑物的空白宅基地）都归生产队集体所有，一律不准出租和买卖；宅基地上的附着物，永远归社员所有，社员有买卖或租赁房屋的权利。1966 年到 1976 年，基本的土地政策没有大的改变。关于农业和农村工作最主要的任务是农业学大寨，大搞农田水利基本设施建设，改善农业生产条件。1978 年 1 月 26 日，国务院下发了《全国国营农场工作会议纪要》，指出，国营农场的土地、财产，属全民所有，任何单位和个人都不得侵占。

改革开放以来的党的土地政策大家都是比较清楚的，多数同志也是亲历的。1978 年 12 月 22 日，党的十一届三中全会通过了《中共中央关于加快农业发展若干问题的决定（草案）》。这个文件肯定了“包工到作业组，联系产量计算劳动报酬”的责任制，但仍规定“不许包产到户，不许分田单干”。1979年9月28日，中共十一届四中全会修改并正式通过了《中共中央关于加快农业发展若干问题的决定》，将草案中“不许包产到户，不许分田单干”，改为“不许分田单干”。1980年5月31日，邓小平发表《关于农村政策问题》的谈话，指出：“农村政策放宽以后，一些适宜搞包产到户的地方搞了包产到户，效果很好，变化很快。”1982年1月1日，中央批转了《全国农村工作会议纪要》，指出：目前实行的各种责任制，都是社会主义集体经济的生产责任制，是社会主义农业经济的组成部分，进一步强调要坚持土地等基本生产资料公有制和生产责任制的长期不变。1982年9月，党的“十二大”明确指出：“近几年在农村建立的多种形式的生产责任制，进一步解放了生产力，必须长期坚持下去，只能在总结群众实践经验的基础上逐步加以完善，决不能违背群众的意愿轻率变动，更不能走回头路。”1984年1月1日，中共中央又发出《关于1984年农村工作的通知》，决定土地承包期延长到15年以上。1986年，将农民的土地承包权引入民法通则。1993年，又在《关于当前农业与农村经济发展的若干政策措施》中提出在原定的耕地承包期到期后，再延长30年不变的政策，并且允许土地使用权依法有偿转让。1995年提出允许承包地依法转包、转让、互换、入股等。1998年8月29日，第九届全国人大第四次会议对1986年

《土地管理法》进行修订。修订后的《土地管理法》将“土地承包经营期限为三十年”这一党的土地政策上升为了法律，使土地承包权有了法律保障。2004 年 8 月 28 日，第十届全国人民代表大会常委会第十一次会议对《土地管理法》进行了第二次修正，2019 年 8 月 26 日的第十三届全国人大常委会第十二次会议对《土地管理法》又进行了第三次修正，坚持土地承包第二轮到期后再延长 30 年不变的规定。

1998 年 10 月 14 日，党的第十五届中央委员会第三次全体会议通过了《中共中央关于农业和农村工作若干重大问题的决定》，进一步肯定和坚持家庭联产承包经营这一土地经营制度。1999 年 1 月 11 日，党中央、国务院下发了《关于做好 1999 年农村和农业工作的意见》，对土地延包工作做了进一步的规定，要求承包期一律延长 30 年，确保农村土地承包关系长期稳定。1999 年 3 月 15 日，第九届全国人民代表大会第二次会议通过《1999 年宪法修正案》，将家庭承包经营和统分结合双层经营体制写入宪法。至此，基本上实现了以联产承包责任制为中心的农村经济体制改革，实现了由原来以“三级所有，队为基础”的土地所有权制度向“土地所有权归集体，经营使用权归农民”两权分离、双层经营制度的飞跃。这种制度特别强调农民对土地的使用权、经营权、收益权。党的“十六大”把建设现代农业，繁荣农村经济，增加农民收入作为全面建设小康社会的重大任务提了出来。2002年8月29日，全国人大常委会通过了《中华人民共和国农村土地承包法》，主要内容有：国家实行农村土地承包经营制度；依法保护土地承包经营权；妇女与男子享有平等的权利；土地承包经营权的流转必须遵循自愿原则；承包期内发包方不得收回承包地。2002年11月5日，中共中央公布了《关于做好农户承包地使用权流转工作的通知》，指出：稳定和完善土地承包关系，是党的农村政策的基石，是保障农民权益、促进农业发展、保持农村稳定的制度基础。2003年10月，党的十六届三中全会通过了《中共中央关于完善社会主义市场经济体制若干问题的决定》，提出解决“三农”问题三个方面的改革思路：要长期稳定并不断完善以家庭承包经营为基础、统分结合的双层经营体制，依法保障农民对土地承包经营的各项权利；要完善土地流转办法，确保农户可依法、自愿、有偿流转土地承包经营权；要改革征地制度，完善征地程序。2006年，中国农民彻底告别了在中国存在了两千多年的“皇粮国税”，农民可以更多地享受到国家财政的直接补贴。取消农业税，在中国历史上是绝无仅有的，在党的农村土地政策发展中也是具有划时代意义的。2009年8月27日，第十一届全国人民代表大会常务委员会第十次会议对《农村土地承包法》进行了第一次修正，2018年12月29日，第十三届全国人民代表大会常务委员会第七次会议对农村土地承包法又进行了第二次修正，两次修正都坚持了农民承包土地坚持长期不变的原则。2016 年 10 月 30 日，中央下发了《关于完善农村土地所有权、承包权、经营权分置办法的意见》，提出“顺应农民保留土地承包权、流转土地经营权的意愿，将土地承包经营权分为承包权和经营权，实行所有权、承包权、经营权（三权）分置并行，着力推进农业现代化”。“三权分置”是农村基本经营制度的自我完善，以更好地维护农村集体、承包农户、经营主体的利益，有利于促进土地资源合理利用，构建新型农业经营体系，推动农业现代化发展，是农村改革又一重大制度创新。

从党的土地政策不断发展完善的轨迹，可以看出，我们党对土地问题的高度重视和极其慎重；我们党的土地政策是一贯的、稳定的、连续的，最本质的问题是是要保证农民有地种，人民有饭吃，能过上安定的日子；根据经济社会发展的情况，对土地的经营管理政策不断进行完善，其目的是推动农村经济发展，提高生产力水平，增加农民收入，改善人民生活。

## 四、

任何一种社会管理制度，都不是一成不变的，随着经济社会的发展变化，需要进行调整完善。生产关系必须同生产力的发展相适应，而且要有利于生产力的发展。一方面，无休止地调整生产关系，力图通过调整生产关系来促进生产力的发展，那叫不切实际的一厢情愿，是折腾，不仅达不到促进生产力发展的目的，还会阻碍乃至破坏生产力的发展；另一方面，如果死守着一种体制不变，看不到生产力发展对生产关系变革所提出的新要求，也会人为地阻碍生产力的发展。变革是绝对的，不变革是相对的，但要适时、适度、适量，而且是在继承稳定基础上的创新发展。现代化的发展对农村改革、党的土地政策提出了新的要求。农村城镇化、农业现代化、城乡发展一体化，推动乡村振兴，这是历史发展的趋势、广大农民的愿望，也是现代化社会经济发展的必然。农村城镇化、农业现代化、城乡发展一体化，实施乡村振兴战略，都涉及土地的流转问题、农民的转移问题、农村生产条件和生产关系的改变问题。这个问题不可回避，无法逾越，必须通过深化改革拿出新的办法。我们不能让农村一直刀耕火种地落后下去，不能把广大农民都捆在土地上受穷。生产力的发展、现代社会的进步，对农村生产方式、生产关系提出了新的要求。我们党及时地把握住了这个新要求，十七届三中全会及时作出了《关于推进农村改革发展若干重大问题的决定》。该决定提出，按照依法自愿有偿原则，允许农民以转包、出租、互换、转让、股份合作等形式流转土地承包经营权，发展多种形式的适度规模经营。有条件的地方可以发展专业大户、家庭农场、农民专业合作社等规模经营主体。土地承包经营权流转，不得改变土地集体所有性质，不得改变土地用途，不得损害农民土地承包权益。2014 年的中央 1 号文件更进一步强调：要严守耕地保护红线，划定永久基本农田。要落实最严格的耕地保护制度、节约集约用地制度。要引导和规范农村集体经营建设用地入市，完善农村宅基地管理制度，加快推进征地制度改革，缩小征地范围，规范征地程序，完善对被征地农民合理、规范、多元、保障机制等。2016 年，中央《关于完善农村土地所有权承包权经营权（三权）分置办法的意见》进一步提出，要不断健全归属清晰、权能完整、流转顺畅、保护严格的农村土地产权制度，优化土地资源配置，培育新型经营主体，促进适度规模经营，进一步巩固和完善农村基本经营制度，为发展现代农业、增加农民收入、建设社会主义新农村提供坚实保障。对于农村土地所有权、承包权、经营权“三权分置”提出了四条基本原则：一是尊重农民意愿。坚持农民主体地位，维护农民合法权益，把选择权交给农民，发挥其主动性和创造性，加强示范引导，不搞强迫命令，不搞一刀切。二是守住政策底线。坚持和完善农村基本经营制度，坚持农村土地集体所有，坚持家庭经营基础性地位，坚持稳定农村承包关系，不能把农村土地集体所有制改垮了，不能把耕地改少了，不能把粮食生产能力改弱了，不能把农民利益损害了。三是坚持循序渐进。充分认识农村土地制度改革的长期性和复杂性，保持足够历史耐心，审慎稳妥推进改革，由点及面开展，不可操之过急，逐步将实践经验上升为制度安排。四是坚持因地制宜。充分考虑各地资源禀赋和经济社会发展差异，鼓励进行符合实际的实践探索和制度创新，总结形成适合不同地区的“三权分置”的具体路径和办法。特别强调，要始终坚持农村土地集体所有权的根本地位，严格保护农户承包权，扎实做好农村土地确权登记颁证工作，建立健全土地流转规范管理制度，构建新型经营主体政策扶持体系，完善“三权分置”法律法规，等等。2018 年 1 月 2 日，党中央、国务院制定下发了《关于实施乡村振兴战略的意见》，提出到 2050 年，乡村全面振兴，农业强、农村美、农民富全面实现。在涉及农村土地政策时明确提出：要巩固和完善农村基本经营制度，深化农村土地制度改革，深入推进农村集体产权制度改革，完善农业支持保护制度。2019 年 1 月 3 日下发的中央 1 号文件又强调提出，要巩固和完善农村基本经营制度，深化农村土地制度改革，保持农村土地承包关系稳定长久不变，完善落实集体所有权、稳定农户承包权、放活土地经营权，健全土地流转规范管理制度，发展多种形式农业适度规模经营，允许土地的经营权担保融资等。

中央关于土地问题的政策性规定有许多，但始终是稳定的、连续的，核心的内容都是一致的。认真执行这些重大决定，是稳定农村、繁荣农村，安定农民、富裕农民的根本，必将推进农村生产力的极大发展，推进农村经济社会的巨大进步，推进农村面貌的巨大改变。贯彻落实好党的重大决策，一个很重要的问题就是要把党的方针政策学习好、理解透、把握准，并能结合实际去贯彻执行。

需要强调的是，中央这些重大政策决定和有关法律规定，在土地管理中有两项重要制度建设是需要坚持好、把握好的。

一项是要始终坚持稳定和不断完善农村基本经营制度。在这项制度建设中最关键的问题有两个：第一个是稳定基本制度，就是以家庭承包经营为基础、统分结合的双层经营制度要坚持不变。四十多年来改革发展的实践证明，这一制度是适应社会主义市场经济体制要求、符合我国农业生产特点的，是有利于农村社会生产力发展的，是党的农村政策的基石，是农民的定心丸，是农村社会稳定的根本，绝对不能变，也千万不敢变。稳则发展，变则必乱。不但不能变，而且还要赋予农民更加充分而有保障的土地承包经营权，确保现有土地承包关系保持稳定并长久不变。第二个是在稳定现有大政策的基础上，适应农村经济发展的需要，推进农业经营体制机制创新，加快农业经营方式转变。一个是体制机制要创新，一个是经营方式要转变。创新是个大概念、原则要求，也是个发展方向，可以包含许多内容，但现阶段，这个创新主要是指加快推进两个转变，即由传统的一家一户家庭生产经营向采用先进科学技术和合作的生产经营手段的方向转变，增加技术、资本等生产要素对农业生产经营的投入，着力提高集约化水平，以进一步发展农村生产力；由生产队集体统一经营向发展农户联合与合作、形成多元化、多层次、多形式的经营服务体系转变，培育农民新型合作组织，发展各种农业社会化服务组织，鼓励龙头企业与农民建立紧密型利益联结机制，着力提高农业生产的组织化、商品化、市场化程度。简单说，实现两个转变。第一个是家庭经营生产方式的转变，就是要解决个体经营、粗放经营的问题，努力提高农业集约化经营的水平，目的是提高劳动生产率，提高土地的经营效益。这需要增加技术、资本等生产要素的投入，家庭经营要适应市场经济的生产要素投入方式，不断创新经营方式。第二个是统一经营，也就是传统意义上讲的双层经营中集体经营这一块，也是常说的宜统则统、宜分则分中统的这一块，要从传统意义上的“几个统一”向社会化服务体系转变。实际上，自实行联产承包责任制以来，集体统一的功能是很少的，也多是写在文件上的理论表述，农业耕作多是一家一户独立分散完成。现代农业生产就必须要适应社会主义市场经济发展规律，建立多形式、多层次、多元化的服务体系，包括农户之间联合与合作、建立新型合作组织、社会化服务组织、龙头企业建基地带农户等。中央有关政策特别强调了发展农民专业合作社问题，提出按照服务农民、进退自由、权利平等、管理民主的要求，积极扶持农民专业合作社加快发展，使之成为引领农民参与国内外市场竞争的现代农业经营组织。一个长期稳定不变，一个两个经营方式转变，这是需要把握好、处理好的。

另一项是健全严格规范的农村土地管理制度。土地制度是农村的基础制度，也是最基本的农村经济制度。土地是国之根本，也是民生之基。保护好土地，利用好土地，是古今中外治国安邦的最大的事情。所以在土地管理上，中央多数政策规定都强调了“两个严格”的要求，并提出了一些具体的政策性规定。这“两个严格”是：一个是按照产权明晰、用途管制、节约集约、严格管理的原则来进一步完善农村土地管理制度；另一个是实行最严格的耕地保护制度，通过层层落实责任，坚决守住全国18亿亩耕地的红线。从这“两个严格”出发，提出了几条政策性的措施。一是划定基本农田，确保基本农田总量不减少、用途不改变、质量有提高，主要通过建立保护补偿机制来保证，并要对土地进行登记，确定权属，颁发土地证。建设项目占用耕地，必须要有耕地补充，实行先补后占，而且还不允许省市之间调节平衡，也就是任何一个省的现有总耕地都不能减少。二是完善土地承包经营权能，也就是依法保障农民对承包土地的占有、使用、收益等权利。所谓承包经营“权能”，指的是土地承包经营的权利和土地承包经营的收益，也就是土地所能产生的经济效益。本质的要求就是要依法来保护农民依赖或依靠土地生存、生产、生活的能力。这很关键，就是不能剥夺农民谋生的权利。三是实行“三权分置”，合理进行土地流转，建立健全土地承包经营权流转市场，按照依法自愿有偿原则，允许农民以转包、出租、互换、转让、股份合作等形式，流转土地承包经营权。这里有三个关键词，也是限制词，就是土地承包经营权的流转必须依法来进行，而且是农民自愿的，还是有偿的，不能强制。同时土地流转的目的是发展适度规模经营，发展专业大户、家庭农场、农民专业合作社，土地的所有制性质不能改变，用途不能改变，农民的承包权益不能损害。四是从严控制城乡建设用地，包括农村宅基地的管理，都要坚持节约用地原则。严格界定公益性和建设性用地，占用土地建设非公益性项目，允许农民参与开发经营。建立城乡统一的建设用地市场，规范土地使用权的转让，完善有关法律法规，完善有关配套政策。

总的就是用地要规范、节约、从严，目的还是保护土地，保护农民利益。

中央反复强调，实行“三权分置”，进行农村土地流转，一定要按照依法自愿有偿原则，允许农民以转包、出租、互换、转让、股份合作等形式流转土地承包经营权，发展多种形式的适度规模经营。如何来理解和实现这五种流转方式？除这五种方式外，还有哪些方式？特别是在近几年推进城镇化和城乡发展一体化的进程中，各地在实践中又创造出了多少土地流转的方式（如家庭农场、企业基地经营、农村社区建设、农企合作经营等）？土地流转形式是很多的，这里仅简要说一下转包、出租、互换、转让、股份合作这五种土地流转形式和实践中的一些做法。

转包：是指承包方将部分或者全部土地承包经营权以一定期限转给同一集体经济组织的其他农户从事农业生产经营。转包后，原土地承包关系不变，原承包方继续履行原土地承包合同规定的权利和义务。土地转包方式是当前农村土地流转的主要方式。河南省宜阳县樊村乡前几年曾帮助478户农民转包耕地1500亩给村集体，在转包协议中规定，农户继续享受国家粮食补贴政策，村委会每年12月30日前将下一年度的转包费足额付给农户；县公证处的工作人员现场为协议进行公证。黑龙江省克山县北联镇新兴村408户村民中有390户把土地转包给村集体，转包土地共1.3万亩。农民把土地转包后，主要去搞养殖业或到外地打工，村集体通过土地流转，实现了大面积机械化耕作。

出租：是指承包方作为出租方在承包期内将自己承包的土地，在一定期限内全部或部分租赁给本村集体经济组织以外的单位或个人耕种。出租的期限和租金支付方式由双方自行约定，承租方获得一定期限的土地经营权，出租方按年度以实物或货币的形式获得土地经营权租金。出租与转包的主要区别是，承包方与第三方建立的关系表达不同，出租收取的是租金，转包收取的是转包费；选择受让户的范围不同，出租是将土地租给本集体经济组织以外的单位或个人，转包是转给本集体经济组织的成员。重庆市江津区德感街道办事处三河村村民张泽富于2003年创办了雄风果业有限公司，以700斤稻谷/亩的产量折算成价格，共租用720亩土地，建立优质晚熟柑橘园。黑龙江省一家企业在哈尔滨呼兰区进行有机农业生产基地建设，租了3000多户农民的1.5万亩耕地，2000多农民成为基地的雇工，其中，企业把300多名从土地中分离出来的农民安置到加工车间。

互换：是指承包方之间为方便耕作或者各自需要，对属于同一集体经济组织的承包地块进行交换，同时交换相应的土地承包经营权。新疆沙湾县四道河子镇下八户村1万多亩土地，实行承包责任制分地时被分割成近1300块，同一户家庭的土地分散在好几个地方，管理很不方便。2005年年初，下八户村在征求多数村民意见的基础上作出决定，全村进行大规模土地互换，上千块土地改造成一块块大条田。黑龙江省依安县针对联产承包责任制初期分包土地时好坏搭配、面积过小、地块分散，不利于使用大机械耕作和农作物结构调整等实际问题，引导同一集体同一轮作区内种植不同作物的农户，相互之间置换土地，达到同类作物归方连片种植。该县中心镇兴胜村通过土地置换，搞玉米种子归方连片繁育，连片面积达5000亩。

转让：是指承包方有稳定的非农职业或者有稳定的收入来源，经承包方申请和发包方同意，将部分或全部土地承包经营权让给其他从事农业生产经营的农户，由其履行相应土地承包合同的权利和义务，转让后原土地承包关系自行终止。绝大部分转让土地的行为发生在取消农业税之前，取消农业税以后，多数农民基本上不愿转让土地承包权。上海市郊区一些农民家庭收入大部分依靠从事第二、第三产业获得，对土地的依附程度较低，一部分农民就把土地转让给村集体、企业或个人，获得一次性转让收入。据有关资料，截至2006年年底，全区农民自愿放弃承包土地总面积有1万多亩。黑龙江省虎林市杨岗镇永信村、合民村以及珍宝岛乡永和村，很多村民去韩国打工，把无力耕种的15000余亩土地流转到种地大户手中，其中有600

亩是通过转让方式流转的。

股份合作：是指承包方之间为发展农业经济，将土地承包经营权作为股权，入股组成股份公司或合作社等，进行开发经营。重庆市工商局在2007年曾出台政策，允许农民以土地承包经营权直接入股。重庆涪陵区的部分农民用自家承包地入股企业，发展特色种植业，每亩入股土地每年固定收入400元、保底分红200元，此外还可根据合作社每年所取得的效益进行利润分配。入股农民每年每亩土地可拿到800元收入。黑龙江省肇东市黎明镇长富村34户农民以1017亩土地承包经营权量化入股，长富村以集体积累及谷子加工厂、农机合作社入股，市农业投资公司投入50万元作为入股资金，成立了长富现代农业有限公司，建立了股东代表大会、董事会、监事会，制定了公司章程及财务收支制度。公司利润分成两部分，60%作为发展资金，用于扩大再生产，40%作为分红资金。

以上这些事例是前几年我在调研中和有关资料中了解的，近几年经营如何、有没有什么变化，我没有跟踪调查。文中所引数据也是几年前的，至今肯定会有很大变化，新的经验会有，问题和矛盾也肯定会有。这些事例至今也很难成为土地流转的典型，新的土地流转形式肯定不少，好的经验也会不少，问题也肯定不少，这都需要进行深入的调查研究。特别是近几年中央就深化农村土地制度改革又提出了一些新的要求，如赋予农民对承包地及承包经营权抵押、担保权能，放活土地经营权，允许承包土地的经营权向金融机构抵押融资，允许农村集体经营性建设用地出让、租赁、入股，实行与国有土地同等上市、同权同价等，这都需要在实战中加强研究，总结经验。

## 五、

前面我已经说过，全国目前在实现“三权分置”的过程中，农村土地流转形式远不止文中提到的这五种，而是有很多种。这很多种有群众协商自愿的、有城镇化建设统一规划而整村整乡变更的、有大型建设项目需要而统一组织流转的，也有的是群众非自愿的，还有的是一部分群众自愿、一部分群众不自愿的等等。流转的形式也是五花八门，多种多样，同县、同乡、同村，乃至各个农户，其土地的流转方式也非绝对相同，主要是看流转双方的意愿，由流转双方来定。土地流转还在行动中、还在探索中、还在创造中，有经验也有教训，有困难也有矛盾。目前的土地流转形式，也算是一个时代特征，是一个阶段性的现象，说明农村生产力的发展有新要求，农村的生产关系还在变化适应中。现在还不便下结论说什么样的土地流转方式就是最好的，什么样的土地流转方式就是不好的，一切还需要在实践中进行检验。正确与否、好坏差别，要以生产力的发展进步来检验、农村面貌的变化发展来检验、农业现代化的实现程度来检验、农民生活水平的不断提高来检验，而不是我们所设定的理论概念、条条框框。我们要顺应时代发展的潮流和广大农民的致富愿望，把土地资源这篇文章做活，及时总结经验，及时纠正问题，使土地流转沿着一条健康的轨道来行进。当前需要做的是把握好大的方向和原则，具体的流转方式方法还不便硬性规定应该怎么做、不应该怎么做，非要搞出个什么模式不可，而是要关注、研究各地的做法，总结推广一些好的经验，把最终的决定权交给农民自己，我们重在引导和扶持。

实行“三权分置”，进行土地流转既敏感又复杂，既要尊重基层的探索创造，又要注意加强管理和宣传引导。就目前来看，有几个基本问题是要高度重视，切实把握好的。

1. 土地的所有权、承包权、经营权问题。土地是农民的命根子，农民有了土地，才能安心，才能安居，也才能有家的归宿感和人生的归宿地，才能维系乡村、邻里、家庭，紧密相连，绵延不断。我国现行的土地管理制度在土地的所有权上是两种体制，一种是城市土地及一些城市郊区的土地（包括县乡行政中心所在地和一些国有工矿企业所在地）归国有，即国家所有，实际使用权、管理权归当地政府和所占用的企业所用；一种是农村土地归农村集体所有，政策规定是“三级所有，队为基础”。当时的“三级”指的是人民公社、生产大队、生产小队。现在这三级的叫法为乡、村委会、村民小组。以队为基础，就是以现在的村民小组为基础，土地的承包、发包、流转，现在还是由村民小组，即当时的生产小队来决定。农村土地的使用权、管理权，也是所有权，主要在村民小组集体手里。此外，还有一些农牧场、林场的土地，使用权、管理权归农牧场、林场，所有权归国家。总之，土地的所有权归国家和集体两种所有制形式，但实质都归国有。土地国家所有是我们党的土地管理根本制度。实践证明，这个制度是优越的，符合现阶段生产力发展的实际，对维护国家稳定、保证人民生活、推进经济发展是有利的。近些年来，经济社会的飞速发展，土地的使用管理发生了很大变化，形式上的国家、集体、两级所有制还存在，并一直重申、强调、坚持，但在一些土地的使用管理上，其真正的使用权、占有权、管理权，乃至处置权已发生了很大变化。滥占土地、乱占土地、私自出让土地、任意改变土地用途的现象不断发生。一些土地的所有权名义上属国有或集体所有，实际上已属个别单位、部门、企业、个人所有。农村土地在流转过程中，土地的归属问题也变得十分复杂，一些土地所谓的集体所有已不复存在，失地农民也根本不知道自己所承包的土地归于何处。在加快推进城镇化建设中，这一问题不但存在，而且还会更加突出。建设城镇、发展工业、建立各类商贸设施，都是要占用土地的；农民外出打工、到城镇就业，也是要流转土地的。一些土地的变更流转是客观存在。但不论怎样变更、流转，土地的国有和集体所有这一根本制度不能变，特别是农村土地归集体所有不能变。在我国，要建设具有中国特色的社会主义制度，就绝不能搞土地私有化，不能允许私自买卖土地，土地必须统一规划，合理使用，并要严加控制。农民绝不能失去土地。农村承包经营这一基本的经济制度不能变，土地的所有权归集体不能变，承包权归农户不能变。农户主要劳动力外出打工，到城镇就业，土地流转出去，承包权仍然应是原有的农户，接受流转的企业或个人只有经营权而没有承包权，更不能有所有权。可实行所有权、承包权、经营权三权分离。城镇建设、工矿企业、大型工程建设占有土地，须由国家统一征用，失地农民应给予生活保障，在城镇就业的，应转变身份，纳入城镇居民管理，享受城镇居民待遇。异地安排的，应给予新的土地和土地承包权。最为根本的问题，就是不能让农民失去土地这个赖以生存的根基。

2. 经营开发土地的收益分配问题。经营开发土地，通过土地的经营开发来搞活经济、促进发展、增加财政收入、提高生活水平，是近些年一些地方的热衷做法。一些地方廉价从农民手中拿走土地，经过投入基础设施建设，把“生地”变成“熟地”，即把只能用作种植的耕地，改造为交通、通信、上下水、供热、供电、网络等一应俱全的建设开发用地，有的还借用山水林草，造出各种景观，以增强土地的吸引力，然后通过市场运作，使土地大幅度增值，卖给所需土地的房地产商或工商企业，以及一些需用地的事业单位。这些年，一些城市就是这样发展起来的。有的地方财政有很大一部分收入来自房地产的开发，一些金融部门的资本运营、资金运作，也有很大一块在支撑房地产开发并从中赢利。这样的开发发展有利有弊，而且是弊大于利。政府及地产商经营土地，经济一时发展了，城市很快扩张了，财政收入也快速增长了，环境面貌也极大改变了，被占地的农民有的也得了一大笔钱，还有的当了城里人，这都是得益而叫好的，但对多数被占用土地的农民来说，则是极不公道的。土地是他们的基本所有，是他们承包并经营的，但开发中的增加值则与他们无关。他们失去了赖以生存的永久的土地，得到的是看似高额诱人的一次性补偿，无价之宝变成了一次性有价补偿，一二十年后，就会尝到失地的苦果，但到那时一切都发生了变化，农民找谁去？土地开发经营是个客观事实，经济社会发展也需要适度的土地开发经营。开发土地需要大量的资金投入，政府和开发者需要投资，投资者从中赢利得到回报，这也是合情合理的，符合经济规律和市场规则的。但作为土地的原始主人，更应该从经营开发土地的利润中得到回报，这也是应当的。我们干一切事情都应该有利于农民，而不能从农民那里巧取豪夺。农民是我们的根基，对这个问题，必须引起高度重视，要通过法律手段来保护农民的应得利益。

3. 失地农民的就业安置问题。开发建设需要土地，推进城镇化建设更需要大量土地，没有土地就无法进行城镇化建设，这是个非常实际的问题。一些地方注重废弃地的利用，着眼旧城改造，拆平房，建高楼，以扩大城市的容积率，是动了脑筋、费了心思的，而且花费也是很大的。但就我国多数城镇的现有情况看，废弃的土地是很少的，拆平改楼而解决城市发展需求的潜力也是微乎其微的。这主要在于我国现有的城镇虽然数量很多，但设施多不健全，城市功能十分欠缺，多是行政中心，或企业生产基地、贸易口岸，有许多不具备现代化城市的功能。要建设现代化的城镇，必须占用一定的土地，这是一个不争的事实。现在各地多采用的是占补平衡的办法，即算大账、算总账，特别是占用耕地，此处占，彼处补，以此来保证耕地面积不减少。但就规划区内的农民来说，你不论怎样占补平衡，他们都是要失去耕地的。没有了耕地怎么办？各地也都创造了不少经验。有的给予高额补偿；有的帮助在一些开发企业安排就业；有的给予支持，鼓励在开发区内从事第三产业；等等。这里有安排好的，也有安排不好的。有的短期内生活还过得去，甚至过得还不错，看不出问题；有的经过一段时间，特别是高额补偿的，钱花完了，地又没了，也没就业，以后的日子靠什么？有的虽然暂时安置了，但几年下来所在企业经营不景气了，又失业了，问题也就来了。农民有地就不算失业，也不会失业，可以有个生活依靠；没有了土地，又没有了工作，就肯定要出问题。对于因城镇建设或开发建设被占用土地的失地农民，必须有个较为长久的生存之道，使他们有活干、有饭吃、有钱花，逐步融入城市，成为新的市民。只有这样，才能确保城镇化建设的顺利推进，才能确保社会的和谐稳定。

4. 确保 18 亿亩耕地红线不能逾越的问题。粮食是最基本的生活必需，不论人的食物构成如何变化，都是离不开粮食的。即使每个人每天仅吃半斤粮食或者更少，靠肉蛋奶、果蔬等来提供营养，也仍然离不开粮食。肉蛋奶的生产也需要粮食，果蔬的生产也离不开耕地。没有耕地就生产不出粮食、肉蛋奶和果蔬。耕地减少、遭受破坏，人类的这些必需品也就会减少和受到损害。中国有 13 亿人口，虽然这些年的计划生育政策遏制了人口盲目快速增长，但人口不断增长的趋势则是客观存在。人口适度增长符合人类生存发展规律。如果人口不增反降，而且持续下降，那则是危险的。人口适度增长不可怕，人丁兴旺是好事，可使我们的民族生生不息、兴旺发达。这也是我们所希望的，更是中华民族世世代代所奋斗不止的。人口不断增长，一代接续一代，这是人类赖以生存发展的原动力。我们不能寄希望于减少人口而富裕起来，真要那样做，也是富裕不起来的。资源就这么多，特别是耕地资源就这么多，人口还要适度增长。人只要来到世上，就应该是平等的，最基本的生存权，即劳动权、吃饭权是必须要保证的。要使所有的人都有活干、有饭吃，我们的担子、任务还很繁重，但最为基础的是 18 亿亩耕地这个红线不能突破。这是红线，也是底线。不论有多少这样那样的理由，18 亿亩耕地一分一厘都不能减少，占补平衡也不能以次充好。确保了这 18 亿亩耕地，通过生产条件的不断改善，科学技术的不断提高，生产方式的不断进步，我们就可以获取更多的收成，粮食产量可以达到 12000 亿斤、13000 亿斤、14000 亿斤，甚至更多，就可以基本解决人口增长的食物所需问题。

5. 要加大国土整治的力度问题。我国可开垦的耕地资源是有限的，目前，黑龙江、新疆和内蒙古东部还有一些，但多是森林、草原和湿地，如果开垦耕作，势必要毁林、毁草、毁湿地，会对已经恶化的环境雪上加霜，显然是不可取的。不到万不得已，不能再进行开荒种地，要把这少得可怜的有限耕地储备留给后代子孙，以作应急之用。人口在增长，用地在增加，耕地在减少，怎么办？要在国土整治上挖掘潜力做文章。走到全国各地看看，不论是城市，还是乡村，只要留心观察，不论哪里，都有一些废弃的土地。较为突出的是一些废旧砖瓦厂，废弃的水库、鱼塘，没有治理的荒山、荒沟、荒滩，废弃的矿山企业、工厂院落，废弃的道路、水渠，干涸的池塘、湖泊等等，还有农村缺乏规划的旧宅基及生产队时期的一些废弃场院等。这些土地散落在各个方面，角角落落，往往不被人重视，成了杂草丛生、垃圾堆放的地方。如果我们加大投资，把这些土地整治出来，也是一笔不小的数目。整治出来的土地，有的可作为耕地，有的可作为建设用地，还能够改善我们所居住的环境条件，是一举多得的好事。河南省新乡市唐庄乡坚持20多年治理荒山荒沟，除解决建设用地外，还新增了6000多亩耕地，已经创造了很好的经验，值得总结推广。应通过政策引导，调动社会各界国土整治的积极性，特别是占用土地的单位，应通过法律政策等手段，使其出资进行国土整治。可采取以整治的土地数来换取占用土地指标的办法，以确保土地不减少而还能有所增加。

6. 要千方百计调动好、保护好农民种粮的积极性问题。农民种粮、工人做工、商人经商、军人戍边，这都是社会的分业分工。这种分业分工是历史形成的，也是经济社会发展的规律。问题在于封建制度的统治和进入近代社会以后资本的剥削压榨，大肆侵占剥夺工人、农民，尤其是农民的利益，使农民处于社会的最底层，成了最为贫困的人群。经济发展，特别是商品经济、资本经济的发展，使得资本、技术、贸易、各类商业经营，包括围绕经济发展的各种经营方式和手段，在市场运作中获取较多的利润，而农民这个职业、这个行业多还处在原始的生产资料生产阶段，加上又受自然条件的制约，使他们仍是最为辛苦而收入又最低的人群。这是市场规律、价值规律在起作用，但也有政策方面的因素。这也造成并形成了农民外出打工可以富起来，弃农务工经商可以富起来，从事工商及他业比种地收入多、日子过得好的局面和观念。对农村大量劳动力弃农务工经商我们可以从三个方面来看：第一个方面是我国人多地少，农村剩余劳动力很多，有限的土地用不了太多劳动力，离农务工经商是社会进步的表现，这应给予充分肯定。第二个方面是我们党和政府支持鼓励农民走出乡村、走出土地，到城里打工或创办工业企业、从事商业服务业等第三产业，各地的热情也很高，而且已创造了丰富的经验。广东、浙江、山东、江苏、河南等靠农村工商业的发展，即早期乡镇企业和个体家庭工商业的发展，为农村经济发展、农村面貌改变、农民走上富裕之路做出了贡献。有些地方因此而快速发展起来，走出了一条以工富农、以工补农、以工兴农的新路，不但农民富裕了，农业也走上了现代化。像江苏的华西、河南的刘庄等，全国各地都有一大批这样的典型。这条道路走的是对的，也是好的。第三个方面是农民自发地、有的甚至是盲目地外出打工或弃农去从事其他行业，备受艰辛，有一些收入不错，富了起来，但也有许多不但没有富裕起来，而使农村的建设、农业的生产，甚至自己的家庭都受到了影响。老人无人赡养，子女辍学失学，生活更加艰难。这样的人也不在少数。我赞同而且大力倡导农村剩余劳动力转移，赞同并倡导农村办工商企业及各类产业事业，提倡农民依靠自身的努力来实现城乡一体化发展，尽快走上富裕之路。希望出现更多的华西、刘庄这样的村庄，使农民都能过上高水平的现代城市生活。但事物的发展不是如此，也不可能如此。地总得有人种，而且还要种得好，这才能生产出人们所必需的粮食。我们不能鼓励所有的地方、所有的人都去务工、经商，都到城里来打工，而应鼓励相当一部分的农民安心于乡村，扎根于土地，一心一意地把地种好。特别是一些产粮大省、大县，应集中主要精力把地种好。这就要解决好一个问题：种地要有钱赚，种地也能富裕，使农民乐意在田地上耕作。这需要依靠更为有力、有利的惠农政策。

7. 要加快农业现代化建设步伐的问题。农业的根本出路在于现代化，农村的根本出路在于现代化，农民的根本出路也在于现代化。农业现代化，也是保护耕地、保护环境、确保粮食安全的根本举措。现代化农业的基本标志，也是基本条件，是高度的机械化、高度的水利化、高度的科技化和高度的农业产业化、产品商品化、生产经营合作化、居住生活城镇化、农牧渔业产品优质化及农村生态环境优美化。解决了农业生产的条件问题、农民的劳动强度问题、居住的环境条件问题、生活的质量品质问题、剩余劳动力的就地就业问题，农民就可安居乐业，不但耕地可以得到保护，而且会源源不断地为社会提供丰富的农牧渔业产品，以保持市场稳定和社会安定。加快推进农村水利化、机械化、科技化、合作化、产业化、市场化、城镇化、生态化建设，这是“三农”工作中最为根本、最为紧要、也是最为基础的工作，应认真研究，采取更为有力的措施去做。这是中国农业的出路，中国农民的出路。

8. 要严格防止土地兼并和私有的问题。纵观中国的土地演变史和政权更迭史，可以看出，土地兼并是导致大量农民失地、社会动乱、政权灭亡的重要原因之一。不论是皇亲国戚兼并侵占农民土地，还是军阀官僚兼并侵占农民土地，乃至地主商人兼并侵占农民土地，不论什么样的人、以什么样的方式去侵占农民土地，只要农民失去了土地，无田可种，无业可营，成为流民，就必然导致社会动乱。人没有了家园，没有了饭吃，还会害怕什么呢？土地稳、农民稳、国家稳，土地安、农民安、国家安，土地丰、农民丰、国家丰，这是被历史反复证明了的真理。慎重地处理好土地问题，是执政者需要格外上心、倍加重视的问题。需要特别指出的是，土地问题、矛盾的积累是有一个过程的，不是一下子就会爆发出来，也是一个积小成大、微患成灾的问题。有些问题三五年、八年十年都还看不出其弊端和危害，只有积累到一定程度才会爆发出来。历史上土地问题的产生发展多是如此。问题的积累需要一个过程，而且一开始往往被忽视，甚至还觉得是有利的。所以，处理土地问题必须见微知著，防患于未然。现在还不能说就出现了土地兼并和土地私有化的问题，但历史的教训犹可记取，一些倾向性、苗头性的东西的确需要引起注意。乱占滥占土地的现象是存在的，盲目圈地开发的现象是存在的。一些地方盲目地大搞工业园区、科技园区、产业园区之类，占了大片耕地，但真正入住的企业没有几家，大量的耕地荒芜。有的企业、房地产开发商，完成了资本的原始积累，就把剩余资本投向了农村土地、山林，以开发之名圈占耕地，也给了当地农民一些好处，当地政府也增加了一些收入，但他们把土地拿到手后，并没有按照承诺的规划去开发建设，而是搞了一些简单设施就停下来。当然，不能按原定规划开发的原因很复杂，不能一概而论，但确有一些企业、开发商以拿地为目的，以雄厚的资金去占有土地这一不动产，坐等升值。还有一些以倒腾土地为赚钱赢利的目的和手段，拿到土地后，转手倒卖。这样的事例也很多，这都是很危险的。我们有不少土地，名上姓公，但实际上已经归于私有。这确实是需要关注的。

除上述几个问题外，在具体工作中，还要注意做到，实施农村土地流转，要认真贯彻物权法、农村土地承包法等法规，依法签订合同，确保受让方按规定交纳承包费用和相关费用以及履行应尽的义务，保障农民对土地承包经营的各项权利。农村土地流转必须坚持自愿，不论采用哪种流转形式，都要尊重农民的选择和意愿。农村土地流转必须遵循价值规律，坚持有偿流转，使转出土地的农民得到合理经济补偿。土地流转要注意发挥政府和村集体的引导组织作用。各级政府要加大宣传力度，增加农民对有关法规和政策的了解。村级组织应帮助流转土地的农民做好土地转包出租价格确定、受让方资格审核、合同签订等工作。尤其要对转让土地的农民严格审核确认是否具有稳定的职业或“三险”是否齐备。要建立科学的农地资产评估体系，合理评价农村土地价值。要监控土地供需总量的动态平衡，监督流转后的土地不改变集体所有性质，不改变土地用途。要建立健全公共服务体系，支持土地流转后的农田基本建设和土地保养。要准确把握和合理引导土地流转的方向，积极引导农民把土地向最能发挥效益的经营主体流转。例如，黑龙江垦区农业现代化水平高，对农业发展具有较强的带动作用，应鼓励周边土地向农场流转，加快发展现代农业。各省都有一些农业产业化龙头企业，许多大型农业企业生产经营稳定，品牌好，实力强，信誉度高，并且原料需求量大，应支持农民向龙头企业农产品基地流转。山东在这方面已有一定的经验。还有一些地方开办了农业科技园区，一些农业大专院校以技术为支撑和引领来进行农业的现代科技开发，这也是很好的载体，应鼓励周边农民向科技园区流转。还有陕西杨凌的科技园区，就起到了很好的示范带动作用。应倡导各地建立土地规模经营合作社，使农民通过合作经营享受利润分配，增加土地收益。要创造条件加大农村劳动力转移的力度。实施土地流转，发展规模经营，必须解决好剩余劳动力转移问题。应进一步加大农村产业结构调整力度，鼓励和引导农民发展多种经营，大力发展规模养殖业、商贸运输业、加工建筑业。要加强农村土地经营权流转市场的建设和管理，建立健全土地流转运作管理机制，发展管理规范的土地流转中介组织，严格按照规范的操作程序进行流转。

# 绪 论

## 巩固和完善农村基本经营制度

全 国 人 大 常 委 会 委 员
全国人大农业与农村委员会副主任委员 刘振伟

《中华人民共和国农村土地承包法》于2002年8月经第九届全国人民代表大会常务委员会第二十九次会议通过，自2003年3月1日起施行。2009年8月第十一届全国人民代表大会常务委员会第十次会议作出决定，将法律中的土地“征用”修改为“征收、征用”。2017年11月第十二届全国人民代表大会常务委员会第三十次会议第一次审议了《中华人民共和国农村土地承包法修正案（草案）》。2018年10月第十三届全国人大常委会第六次会议第二次审议了修正案（草案），2018年12月第十三届全国人大常委会第七次会议第三次审议后通过了修正案。

2002年的农村土地承包法，对稳定以家庭承包经营为基础、统分结合的双层经营体制，赋予农民长期而有保障的土地承包经营权，维护农村土地承包经营权人的合法权益，促进农业、农村经济发展和农村社会稳定，发挥了重大作用。实践证明，农村土地承包法确立的农村基本经营制度是符合国情的。农村土地承包法实施以来，我国经济社会快速发展。从宏观层面看，国家工业化、城镇化、信息化加速推进，为农业农村经济发展和农民增收提供了强有力支撑，但在土地、资金、劳动力等生产要素流动上，又对农业和农村经济发展提出新挑战。从农村内部看，随着农业农村现代化水平的提升，大量富余劳动力转移到城镇就业，各类新型农业经营主体大量涌现，土地流转面积扩大，规模化、集约化水平提高，土地经营方式呈现多元化格局。农业产业化、水利化、机械化、标准化及科技进步，都对完善农村土地制度提出了新的要求。

党的十八大以来，以习近平同志为核心的党中央对稳定和完善农村基本经营制度、深化农村土地制度改革提出一系列方针政策，主要包括：在坚持农村土地集体所有的前提下，促使承包权和经营权分离，形成所有权、承包权、经营权“三权”分置、经营权流转的格局；维护进城务工落户农民土地承包经营权、宅基地使用权、集体收益分配权，依法规范权益转让；允许承包方以承包土地的经营权入股和发展农业产业化经营，探索承包土地的经营权融资担保；健全工商资本租赁农地的监管和风险防范制度，加强用途管制，严守耕地红线；建立完善土地承包经营权确权登记制度；保障农村妇女的土地承包权益；在农村集体产权制度改革中确认农村集体经济组织成员身份等。党的十九大报告进一步明确提出，“巩固和完善农村基本经营制度，深化农村土地制度改革，完善承包地‘三权’分置制度。保持土地承包关系稳定并长久不变，第二轮土地承包到期后再延长三十年”。把被实践检验行之有效的农村土地承包政策及实践中的成功经验转化为国家法律规范，是完善农村土地承包法律制度首先要考虑的问题。适应农村生产力发展的新要求，稳定和完善适合国情的农村基本经营制度，保护农民的土地权益，是完善农村土地承包法律制度的基本出发点。

农村土地承包法修正案共46条，涉及九个方面的主要内容：

**一、明确农村集体土地所有权、土地承包权、土地经营权“三权”分置**

在2013年召开的中央农村工作会议上，习近平总书记指出，“要不断探索农村土地集体所有制的有效实现形式，落实集体所有权、稳定农户承包权、放活土地经营权”。在中央全面深化改革领导小组第五次会议上指出，“要在坚持农村土地集体所有的前提下，促使承包权和经营权分离，形成所有权、承包权、经营权‘三权’分置、经营权流转的格局”。“三权”分置改革是继家庭承包责任制之后农村改革的重大制度创新，从理论和实践上丰富了农村基本经营制度的内涵。家庭联产承包责任制初期，实现集体土地的“两权”分离，主要解决调动亿万农民的生产积极性问题，现阶段的“三权”分置，主要解决农业适度规模经营、集约化经营及发展现代农业问题。目前农村已有30%以上的农户在流转承包地，流转面积4.79亿亩。党的政策具有重要的法源地位，需要在法律中科学界定集体土地所有权、土地承包权、土地经营权的内涵、权能及相互关系，确立土地经营权的法律地位。

1. 集体土地所有权

农村集体土地所有权是经历了土地改革、初级社、高级社、人民公社等发展阶段，由自然资源与国家、集体长期投入形成的。我国宪法规定，“农村和城市郊区的土地，除由法律规定属于国家所有的以外，属于集体所有”。物权法规定，农村集体土地“属于本集体成员集体所有”。农村集体经济组织或者村委会代表集体经济组织行使所有权，享有对土地占有、使用、收益和处分的权利。我国农村集体土地所有权集体所有制同全民所有制一样，是社会主义经济制度的基础。修改农村土地承包法，需要与宪法及相关法律衔接好。

农村改革初期，土地承包经营权是按照债权思路设计的，村集体与农户签订承包合同，通过契约明确集体与农户的权利义务。为了防止长期形成的“计划体制”“公社体制”的惯性影响，当时立法主要是防止集体所有权侵犯土地承包经营权。2007 年制定的物权法，将土地承包经营权界定为用益物权，集体所有权侵犯承包经营权的问题从法律上得以解决。这次修改农村土地承包法，立足于坚持集体土地所有权制度，清晰界定集体土地所有权与土地承包经营权的权利内容，防止集体土地所有权虚置，做到权利平衡，不相互挤压。

原农村土地承包法将集体土地所有权的权利内容界定为发包权、监督权、管理权及法律、法规规定的其他权利。修改后的农村土地承包法，对集体经济组织在土地发包、土地流转、土地用途管制、土地合理利用、土地经营权融资担保管理等方面的权利进一步细化。

2. 土地承包权

土地承包权是承包地流转后从土地承包经营权中分置出来的，农户拥有土地承包权是农村基本经营制度的基础。实践中，取得承包权有两个条件：具有本集体经济组织成员资格（成员属性）；与发包方签订了承包合同，获得了承包地（财产属性）。

土地承包经营权与土地承包权的权利主体都是土地承包方。承包方的权利：一是承包期限内使用承包地，自主组织生产经营和处置产品的权利；二是承包期内出租（转包）、互换、转让、入股、交回承包地获得收益的权利；

三是承包地被征收、征用、占用获得补偿的权利；四是承包期内承包人应得的承包收益可以依法继承，林地承包人死亡，其继承人可以在承包期内继承承包等。土地承包经营权互换、转让须在集体经济组织内进行，互换是为了方便耕作，转让是放弃土地承包经营权，发包方需要与新承包方重新确定承包关系。

在承包地未流转的情况下，承包方拥有土地承包经营权，既承包又经营（2017 年约占全国承包农户的70%，承包土地的65%）。在承包地流转的情况下，承包方拥有土地承包权，只承包不经营，经营权流转给了受让方（目前约占全国承包农户的 30%，承包土地的 35%）。流转是土地承包权设立的前提。如果承包方与受让方的土地流转合同到期，承包方仍享有土地承包经营权。土地承包权权能中的收益权和受限定的处分权（可以收回土地经营权但不能买卖承包地）是现实存在的，不是虚置的权利。

3. 土地经营权

承包方采用出租（转包）、入股等方式将承包地流转给受让方使用后，土地经营权转移。保障土地经营权人依法享有的合法权益，规范流转行为，是完善农村土地承包法律制度的一个重点，也是农村基本经营制度的与时俱进。

土地经营权人的权利：一是按照合同使用流转的承包地，自主开展生产经营并取得收益；二是因改善生产条件、提高生产能力获得相应补偿；三是经承包方同意并向发包方备案，可以用土地经营权设定融资担保；四是经承包方同意并向发包方备案，可以再流转土地经营权等。土地经营权人承担的义务：支付土地流转对价，不改变流转土地的农业用途和连续两年以上弃耕抛荒，不破坏农业综合生产能力和土地生态环境等。

在起草中，对“三权”分置的法律表达有四个方面的争论：

一是关于土地经营权的性质？第一种观点认为，土地经营权是用益物权，是承包户将承包地流转给受让方后，受让方主体享有使用、收益、有限处分的一种用益物权，这种权利能够交易、具有使用价值和交换价值。第二种观点认为，土地经营权是依租赁合同而产生的债权。土地承包方与受让方通过合同约定权利义务，其对抗性、转让性、存续期限等符合债权特征。第三种观点认为，物权以长期存续为原则，建立在租赁合同基础上的土地经营权，期限长可视为物权，期限短则可视为债权，不能绝对化。第四种观点认为，土地经营权是实行物权保护的债权。鉴于各方面对土地经营权性质见仁见智，这次修改农村土地承包法，以解决实践需要为出发点，只原则界定了土地经营权权利，淡化了土地经营权性质。但是，对原始取得的土地经营权与继受取得的土地经营权，在权能上还是做了区分。

二是关于取得土地经营权要不要登记？土地经营权的取得，自流转合同成立时生效。合同是当事人之间的一种合意，登记不是生效要件。登记主要针对物权变动，物权法规定，物权变动时，需要将物权变动的事实公示，目的是防止第三人遭受损害，保障交易安全。取得土地经营权是否需要登记，这次修改采取了登记对抗主义而不是登记设立主义。土地经营权流转期限为五年以上的，当事人可以向登记机构申请土地经营权登记。未经登记，不得对抗善意第三人。

三是关于土地承包经营权的概念要不要保留？在征求意见过程中，有观点提出取消土地承包经营权概念，用土地承包权取而代之。这次修改，没有采纳这种观点。2013年，习近平总书记在中央农村工作会议上指出，“建立土地承包经营权登记制度，是实现土地承包关系稳定的保证，要把这项工作抓紧抓实，真正让农民吃上‘定心丸’”。第十二届全国人民代表大会第五次会议通过的民法总则规定，“农村集体经济组织的成员，依法取得农村土地承包经营权，从事家庭承包经营的，为农村承包经营户”。为此，农村土地承包经营权的概念继续保留。

四是关于“两权”分离与“三权”分置的关系？土地集体所有权与承包经营权是承包地处于未流转状态的一组

权利，是“两权”分离。土地集体所有权与土地承包权、土地经营权是承包地处于流转状态的一组权利，是“三权”分置。两组权利关系并行不悖。

## 二、明确农村土地承包关系保持稳定并长久不变

落实中央关于农村土地承包关系保持稳定并长久不变的决策，确保农村土地承包制度改革于法有据，是修改农村土地承包法要考虑的又一重要问题。

2008 年党的十七届三中全会决定提出：“赋予农民更加充分而有保障的土地承包经营权，现有土地承包关系要保持稳定并长久不变”。2015 年《中共中央、国务院关于加大改革创新力度加快农业现代化建设的若干意见》提出，“抓紧修改农村土地承包方面的法律，明确现有土地承包关系保持稳定并长久不变的具体实现形式”。土地承包关系从“长期稳定”到“长久不变”，目的是给土地承包经营权人稳定的经营预期，巩固和完善农村基本经营制度。

起草中，对于长久不变的含义有三种理解：第一种认为是保持土地集体所有、家庭承包经营的基本经营制度长久不变，保持农户依法承包集体土地的基本权利长久不变。第二种认为是第二轮土地承包或经过确权后的地块、面积固化到户，不再设立期限，长久不变。第三种认为，问题的实质是土地公平而有效率的承包使用，社会矛盾少，长久不变不是固化。

从大量调查研究看，赞同第一种认识的占绝大多数。主要依据是，土地承包不设期限会强化农民土地“私有”观念，存在改变农地用途、弃耕撂荒、在承包地上建房、买卖土地（实质上是买卖土地承包权）及土地兼并之忧，增加管理难度，因土地问题产生的两极分化以及社会问题将难以避免，并且影响适度规模经营和集约化经营。土地承包不设期限也不利于化解社会矛盾，会阻塞解决相关问题的途径。土地承包不设期限还会在操作层面带来新问题，如土地流转的期限，融资担保的期限，征收、征用、占用土地的补偿，国家、集体投入的农田水利工程的产权界定及管理使用等，都会遇到缺乏依据问题。另外，土地承包经营权已同建设用地使用权、水域滩涂使用权等法定为用益物权并被社会接受，如果将土地承包经营权调整为无期限物权，会引起概念混乱及法律间的冲突。这次修改，采纳了第一种观点的思路。

**三、明确第二轮土地承包到期再延长三十年**

党的十九大报告提出，第二轮土地承包到期后再延长三十年，修正案及时将这个重大决策转化为法律规范。这样规定，既体现土地承包关系稳定的主基调，又有利于处理坚持土地集体所有与保护农民财产权的关系，有利于处理土地承包制度稳定与完善的关系，有利于处理土地流转、适度规模经营与化解人地突出矛盾的关系。耕地承包再延长三十年，综合考量了土地适度规模和集约化经营、发展现代农业、城乡人口结构大变动的宏观背景和保障农民享有平等的土地权利等多种因素，符合农村实际，与新中国成立百年奋斗目标也是契合的。习近平总书记2017年10月19日在参加党的十九大贵州代表团审议时说，“确定30年时间，是同我们实现强国目标的时间点相契合的。到建成社会主义强国时，我们再研究新的土地政策”。

草地、林地在第二轮承包期届满后，也按照相关规定继续延长。

**四、明确维护进城落户农民的土地承包经营权**

原农村土地承包法规定，“承包期内，承包方全家迁入小城镇落户的，应当按照承包方的意愿，保留其土地承包经营权或者允许其依法进行土地承包经营权流转。承包期内，承包方全家迁入设区的市，转为非农业户口的，应当将承包的耕地和草地交回发包方。承包方不交回的，发包方可以收回承包的耕地和草地”。

党的十八届五中全会决定提出，“维护进城落户农民土地承包权、宅基地使用权、集体收益分配权，支持引导进城落户农民依法自愿有偿转让上述权益”。修正案按照党的十八届五中全会精神作了衔接。

2018年农民进城务工约有2.8亿人，其中1.1亿人在乡内务工，亦工亦农；1.7亿人在乡外务工，离土离乡。

近些年每年进城落户的有1500万~1600万人。由于历史形成的城乡二元结构，城乡居民在经济权利实现上差别较大，农民形式上落户城市，但完全融入城市将是长期的历史过程。进城务工落户农民在承包期内的土地承包经营权、宅基地使用权和集体收益分配权，是基于其集体经济组织成员身份享有的财产性权利，在农民落户就业还处于不稳定状态时，不能剥夺其享有的上述权利。

对此，在制度设计上把握了三个原则：第一，承包期内，农民进城落户，无论是部分成员或者举家迁入，都不以退出土地承包权为前置条件，稳定是主基调。第二，承包期内，农民全家在城镇落户后，引导支持其依法自愿有偿转让承包地或流转土地经营权。第三，把是否交回承包地的选择权交给进城落户农民和其原所在的集体经济组织，不代替农民和集体经济组织选择。从地方的试验看，只要补偿到位，自愿转让土地承包权是可以做到的，少数人交回承包地也是有的，补偿水平成为能否顺利转让或是否交回承包地的关键。

**五、明确土地经营权可以融资担保**

党的十八届三中全会决定提出，在坚持和完善最严格的耕地保护制度的前提下，赋予农民对承包地占有、使用、收益、流转及承包经营权抵押、担保权能。2015年12月27日，第十二届全国人大常委会第十八次会议决定，授权国务院在北京大兴区等232个试点县（市、区）行政区域，暂时调整实施物权法、担保法关于集体所有的耕地使用权不得抵押的规定，至2018年12月31日试点结束。

以承包地的土地经营权作为融资担保标的物，是以承包人对承包地享有的占有、使用、收益和流转权利为基础的，满足用益物权可设定为融资担保标的物的法定条件。随着土地承包经营权确权登记、农村土地流转交易市场完善，将承包地的土地经营权纳入融资担保标的物范围水到渠成。以承包地的土地经营权为标的物设定担保，当债务人不能履行债务，债权人依法定程序处分担保物，只是转移了承包地的土地经营权，实质是使用权和收益权，土地承包权没有转移，承包地的集体所有性质也不因此改变。

受让方通过流转取得的土地经营权，经承包方书面同意并向发包方备案，也可以向金融机构融资担保。由于各方面对继受取得的土地经营权是物权还是债权有争议，是作为用益物权设定抵押，还是作为收益权进行权利质押，分歧很大。立法不陷入争论，以服务实践为目的，使用了土地经营权融资担保概念，这是抵押、质押的上位概念，将两种情形都包含进去，既保持与相关民法的一致性，又避免因性质之争影响立法进程。

**六、明确承包经营权的入股权能**

党的十八届三中全会决定提出，“允许农民以承包经营权入股发展农业产业化经营”。2014 年 11 月，中共中央办公厅、国务院办公厅印发的《关于引导农村土地经营权有序流转发展农业适度规模经营的意见》提出，“引导农民以承包地入股组建土地股份合作组织”，“允许农民以承包经营权入股发展农业产业化经营”。

对于农村土地承包经营权入股，原农村土地承包法是将家庭承包方式和“四荒地”招标、拍卖、公开协商承包方式分开处理的。对于家庭承包方式取得的承包地，原农村土地承包法将入股限定在承包方自愿联合从事农业合作生产的范围。对“四荒地”的土地承包经营权，原农村土地承包法规定可以采取入股方式流转。这次农村土地承包法修改，增加了承包方可以采用入股的方式流转土地经营权的规定，但需向发包方备案。

承包地的土地经营权采取入股方式流转，与原法规定的土地承包经营权入股发展农业合作不同，前者宽泛，包括入股法人企业，后者是入股组建土地股份合作社；前者的治理结构可以是公司制，后者是股份合作制，是特殊的法人治理结构；承包地的土地经营权入股法人企业后，能处置的只是承包地的土地经营权，土地承包权仍归承包方，集体土地所有权也不改变。对此，农村土地承包法仅作原则性规定，给实践留出空间，以后总结经验并制定配套规定，同时注意与公司法等法律对接好。

## 七、明确工商企业流转土地经营权的准入监管

近年来，一些工商企业投资农业，通过流转农民承包地，从事规模化经营，推动了农业结构调整，提高了农业生产力水平，但也出现借农业产业化经营之名行圈占农村土地之实，违法违规进行非农、非粮化建设，影响国家粮食安全和主要农产品供给的问题。对于工商企业进行农业产业化经营，一方面要鼓励，另一方面要加强工商企业流转土地经营权的准入监管，总的要求是不得改变土地集体所有权性质、不得改变土地用途、不得损害农民土地承包权益。

农村土地承包法规定，县级以上地方人民政府应当建立工商企业等社会资本流转土地经营权的资格审查、项目审核和风险防范制度，本集体经济组织可以收取适量管理费用。上述规定，目的是加强农地用途管制和保护农民流转土地经营权的权益，是规范而不是堵，允许工商企业进入农业提升集约化经营水平的方向没有改变。当然，要禁止借机设置门槛搞权力寻租。

## 八、明确妇女土地承包权益的保护

原农村土地承包法中对保护妇女土地承包权益已有规定。现实中侵害妇女土地承包权益，表现为通过制定村规民约，对结婚、离婚或丧偶妇女（包括入赘男）的土地承包权益、集体经济收益的分配权益等进行限制。农村土地承包是按户承包、按人分地，妇女出嫁前，是具有土地承

包经营权的家庭成员。妇女如在婚入地未取得承包地，按照原农村土地承包法的规定，婚出地的发包方不得收回其承包地。如果婚出地家庭兄弟姐妹分家析产，出嫁女依然享有原家庭承包土地的财产权益。这次修法进一步明确，农户内家庭成员依法平等享有承包土地的各项权益。土地承包经营权证或者林权证应当将具有土地承包经营权的全部家庭成员列入。

这个问题还涉及村民委员会组织法和妇女权益保障法。村民委员会组织法规定，“村民自治章程、村规民约以及村民会议或者村民代表会议的决定不得与宪法、法律、法规和国家的政策相抵触，不得有侵犯村民的人身权利、民主权利和合法财产权利的内容”。妇女权益保障法规定，“任何组织和个人不得以妇女未婚、结婚、离婚、丧偶等为由，侵害妇女在农村集体经济组织中的各项权益。因结婚男方到女方住所落户的，男方和子女享有与所在地农村集体经济组织成员平等的权益”。对上述规定，在修改相关法律时增加法律责任，将违反法律规定的村民自治章程和村规民约及村民会议或者村民代表会议决定，明确为侵害妇女土地承包权益的违法行为；建立对村规民约进行审查机制，规定乡镇政府依法对村民自治章程和村规民约的备案审查，对出现侵害妇女承包权益的及时责令改正；完善救济途径，赋予妇女向人民法院申请撤销侵害妇女承包权益的村民自治章程、村规民约及村民会议或者村民代表会议决定的权利等。

## 九、授权确认农村集体经济组织成员身份

有意见提出，应在农村土地承包法中对农村集体经济组织成员身份认定作出规定。因为只有具有农村集体经济组织成员身份，才拥有土地承包经营权，丧失成员身份，就不再享有土地承包经营权。随着第二轮土地承包陆续到期，农村集体经济组织成员身份确认问题已十分迫切。

鉴于自人民公社制度解体以来，集体经济组织成员身份边界不清问题由来已久，十分复杂。经反复权衡，修正案只作出衔接性规定，对确认农村集体经济组织成员身份的原则、程序等留给其他法律或法规具体规定。

农村土地制度涉及亿万农民的切身利益，十分重要。修改农村土地承包法坚持了三条原则：一是坚持农村土地的集体所有性质不动摇。习近平总书记指出，“不管怎么改，不能把农村土地集体所有制改垮了，不能把耕地改少了，不能把粮食生产能力改弱了，不能把农民利益损害了”。这“四个不能”，是完善农村土地承包法律制度的主基调。二是处理好稳定与完善的关系。不利于农村社会稳定的不改，分歧意见较大的不改。三是处理好体现发展趋向与循序渐进推进的关系，对看不清楚的事不操之过急。农村土地承包制度的完善要与未来的农业经营方式相适

应，从小规模的家庭分散经营，到适度规模的家庭农场或者专业合作社经营，再到专业化、现代化的综合性经营，最终形成农工商一体、一二三产融合发展是现代农业的基本经营方式，需要与之相配套的土地制度相适应。我国仍处在人口从农村向城镇转移的社会结构调整期，需要多少年才能稳定下来，还看不清楚。农村集体产权制度改革正在深化，土地制度是农村集体产权制度的核心，需要协调配套。因此，一个符合国情的农村土地制度的最终完善，将是一个历史过程，不可能毕其功于一役。

（作者为农村土地承包法修改起草领导小组组长）

# 第一章

# 总　则

## 一、修改农村土地承包法的必要性和可行性

在农村实行以家庭承包经营为基础、统分结合的双层经营体制，是改革开放的重大成果，是我国宪法明确的农村基本经营制度。农村土地承包法自2003年施行以来，对稳定以家庭承包经营为基础、统分结合的双层经营体制，赋予农民长期而有保障的土地承包经营权，维护农村土地承包经营权人的合法权益，促进农业、农村经济发展和农村社会稳定，发挥了重大作用。

党的十八大以来，以习近平同志为核心的党中央对稳定和完善农村基本经营制度、深化农村土地制度改革提出一系列方针政策，习近平总书记对农村土地承包制度改革多次作出重要指示。党的十九大报告进一步明确提出，“巩固和完善农村基本经营制度，深化农村土地制度改革，完善承包地‘三权’分置制度。保持土地承包关系稳定并长久不变，第二轮土地承包到期后再延长三十年”。

随着我国经济社会快速发展，“三农”所处的内外部

环境变化明显，原农村土地承包法的一些规定已不适应“三农”发展的需要。从宏观层面看，国家工业化、城镇化、信息化加速推进，为农村经济发展提供了强有力支撑，但在土地、资金、劳动力等生产要素流动上，对农业和农村经济发展提出新挑战。从农村内部看，随着富余劳动力转移到城镇就业，各类合作社、家庭农场、农业产业化龙头企业等新型经营主体大量涌现，土地流转速度加快，规模化、集约化经营水平不断提升，土地经营方式呈现多元化格局。产业化、水利化、机械化及科技进步等，对调整完善农村生产关系提出了新要求。农村土地承包法涉及农村基本经营制度的稳定和完善，社会影响大，关注度高。近年来，历次全国人民代表大会上，都有代表提出修改农村土地承包法的议案。2015 年，修改农村土地承包法列入第十二届全国人大常委会立法规划，明确由全国人大农业与农村委员会牵头修改。

在修改过程中，始终坚持把经实践检验行之有效的农村土地承包政策及实践中的成功经验转化为国家法律规范，力求通过完善农村土地承包法律制度，适应农村生产力发展的新要求，稳定和完善适合国情的农村基本经营制度，保护农民的土地权益。

## 二、农村土地承包法的立法目的

农村土地承包法第一条规定：“为了巩固和完善以家

庭承包经营为基础、统分结合的双层经营体制，保持农村土地承包关系稳定并长久不变，维护农村土地承包经营当事人的合法权益，促进农业、农村经济发展和农村社会和谐稳定，根据宪法，制定本法。”

家庭承包经营是我国农民的伟大创举。农村实行家庭承包经营，改变了人民公社的生产经营方式和计划经济模式，构筑了适应我国市场经济要求的农村新经济体制框架基础。

家庭承包经营制度的确立是逐步发展的历史过程，是广大农民的选择，是发展的必然。1999 年 3 月，在第九届全国人大第二次会议上，家庭承包经营作为农村的一项基本制度正式写入我国宪法。从而为在实践中长期坚持和稳定以家庭承包经营为基础的农村经济体制奠定了科学理论支撑和法律依据，从法律上赋予中国农民长期而有保障的土地承包经营权。

家庭承包经营，在坚持土地等生产资料集体所有的前提下，通过签订承包经营合同确立农户家庭经营的主体地位，赋予农民充分的生产经营自主权。家庭承包经营和集体统一经营是相互依存的统一整体，家庭承包经营是我国农村集体经济组织内部的一个经营层次，是农村集体经济的一种有效经营方式。农民通过承包本集体的农村土地，取得土地承包经营权。农民的土地承包经营权集中体现在农民对所承包的土地有经营自主权、收益权和土地承包经营权流转的权利。农民可以根据市场的供求关系，自主组织生产，打破过去高度集中的计划经营方式，土地收益由农民自由支配；打破过去“大锅饭”式的分配方式，多劳多得，农民得到实惠，激发了农民的生产积极性，解放和发展了农村生产力。

实行家庭承包经营制度以来，粮食和其他农产品大幅增长，由长期短缺到总量大体平衡，丰年有余。近年来，粮食生产产量连续数年稳定增长，在基本解决全国人民吃饭问题后，为提高人民生活水平和保障各项产业顺利发展提供了良好的保障，农民生活水平显著提高。我国农村实行家庭承包经营多年来取得的巨大成就证明，家庭承包经营是解放农村生产力，发展农村经济的有效方式，对于实行细碎化小农生产的中国农村有着积极的、不可替代的作用。家庭承包经营是农村经营体制改革的源泉和动力，是农村经营体制的基础。

同时，需要注意的是，集体统一经营对促进家庭承包经营和农业生产是必不可少的，一些农田水利和其他公共设施的建设，一些产前、产中、产后等生产、流通环节的服务，都是一家一户难以办到的，需要依靠集体统一经营才能做得更好。集体统一经营主要有增强生产服务、协调管理、资产积累等功能，其中最重要的是增强对农户的服务功能。农村集体经济组织可以配合国家实施的科教兴农战略，抓好农业先进实用技术的推广和普及，为农户提供生产、技术、信息等服务；组织本集体经济组织的农业基础设施建设和集体资源开发；发展各种形式的专业性服务组织，将生产加工、流通等环节紧密地联系起来，从某些生产环节的服务发展到生产全过程的服务。农村集体经济组织综合服务于国家和社会，特别是近些年农村涌现出来的专业性服务密切结合，构成农业服务体系。通过服务体系联结千家万户，使农户分散的小规模经营与市场紧密地联系起来，促进我国农业向商品化、专业化、现代化发展。

以家庭承包经营为基础，统分结合的双层经营体制符合我国农业农村生产自身的特点，符合生产关系要适应生产力发展要求的客观规律，具有广泛的适应性和旺盛的生命力。巩固和完善以家庭承包经营为基础、统分结合的双层经营体制，关系到农村经济的持续稳定发展。只有农村经济繁荣发展了，才能形成对城市的有效供应；只有农民富裕了，工业产品才有更加旺盛的销售市场。因此，它还关系着国民经济发展的全局。

此次农村土地承包法修改，在现有法律规定的基础上，进一步明确"保持农村土地承包关系稳定并长久不变"。落实中央关于农村土地承包关系保持稳定并长久不变的决策。确保农村土地承包制度改革于法有据，是修改农村土地承包法要考虑的又一重要问题。土地承包关系从“长期稳定”到“长久不变”，目的是给土地承包经营权人稳定的经营预期，巩固和完善农村基本经营制度。稳定农村土地承包经营，核心是稳定土地承包关系，这首先涉及是否有一个较长的、合理的、科学的承包期限。农村土地承包关系的当事人包括作为发包方的集体经济组织或村民委员会与作为承包方的本集体经济组织成员的农民。土地承包关系能否长期稳定，还涉及能否切实地保护土地承包当事人双方的合法权益，特别是对处于弱者地位的承包方合法权益的保护。农村土地承包法主要通过赋予农户长期而稳定的土地承包经营权、依法保护土地承包经营权、明确承包合同生效后不得随意变更或解除等，来保护承包方的合法权益。

## 三、农村土地承包法调整的农村土地的范围

农村土地承包法第二条规定：“本法所称农村土地，是指农民集体所有和国家所有依法由农民集体使用的耕地、林地、草地，以及其他依法用于农业的土地。”

农村土地承包法规定的农村土地，既包括农民集体所有的农业用地，也包括国家所有依法归农民集体使用的农业用地。用于农业的土地，主要有耕地、林地和草地，还有一些其他用于农业的土地，如养殖水面等。养殖水面主

要是指用于养殖水产品的水面，养殖水面属于农村土地不可分割的一部分，也是用于农业生产的，也包括在本条所称的农村土地的范围之中。此外，还有荒山、荒丘、荒沟、荒滩“四荒”地，“四荒”地依法用于农业的，也属于本条所称的农村土地。

上述这些用于农业的土地中数量最多、涉及面最广、和每一个农民利益最密切的是耕地、林地和草地，这些农村土地多采用家庭承包方式，集体经济组织成员都有承包的权利。因此，农村土地承包法将它突出表述。其他农村土地如“四荒”地、养殖水面等包含在本条规定的“其他用于农业的土地”之中。总体来说，凡是由农民集体所有或者使用，用于农业生产，又适合承包的土地和水面，都属于农村土地承包法所称的农村土地，都适用农村土地承包法的规定。

## 四、农村土地承包经营制度

农村土地承包法第三条规定：“国家实行农村土地承包经营制度。农村土地承包采取农村集体经济组织内部的家庭承包方式，不宜采取家庭承包方式的荒山、荒沟、荒丘、荒滩等农村土地，可以采取招标、拍卖、公开协商等方式承包。”

实践证明，农村土地承包经营制度赋予农民自主经营权，极大调动了生产积极性，解放了农村劳动力，促进了农业、农村经济和国民经济的发展，必须长期坚持。农村土地承包经营之所以在一定程度上解放了生产力，一是因为农村土地承包经营给了农民充分的生产经营自主权。实行家庭承包经营，突破了计划经济的束缚，种什么、怎么种、种多少，都由农民自己决定，农户可以因地制宜安排生产，根据市场的需求组织安排生产。二是因为打破了收益分配上的“大锅饭”方式，使农民的利益和劳动成果直接挂钩，使农民得到了看得见的物质利益。三是因为家庭承包经营适合我国农业精耕细作的特点。农民承包土地后，生产责任感大大增强，他们精耕细作、科学种田，努力提高劳动生产率。归根结底，家庭承包经营这种生产关系，使农户获得充分的经营自主权，得到了实惠；能够极大地调动农民的积极性，解放和发展农村生产力；农村土地承包经营方式既适应传统农业，也适应农业现代化发展的要求，在统分结合的经济体制下，农村土地承包经营可以容纳不同的生产发展水平，在现阶段乃至今后，仍具有旺盛的生命力。

我国农村改革有其客观必然性。在20世纪70年代末，农村改革从实行家庭联产承包责任制开始。经过“文化大革命”的十年浩劫，国民经济到了崩溃的边缘，农业农村问题尤为突出，解决农民吃饭问题是当时最紧迫的问题，而土地承包经营又是解决这一问题最便捷、最有效的途径。一些地方的农民首先自发地搞起了包产到户、包干到户，并逐步扩展开来。党的十一届三中全会确立了“解放思想，实事求是”的思想路线，强调以经济建设为中心，为农村改革创造了政治环境。1980 年，党中央召开会议，明确提出贫困地区可以搞包产到户，并强调“生产过程的各项作业，生产队宜统则统，宜分则分”。从此，包产到户的生产经营方式在全国开展起来。到 1983 年年底，全国 99% 以上的生产队实行家庭联产承包责任制。1993 年，国家决定在农户原有的承包期到期后可再延长三十年，在承包期内，农户对土地的经营权可以在不改变使用方向的前提下实行自愿、有偿转让。这种承包经营方式一直稳定至今。党的十九大报告明确“保持土地承包关系稳定并长久不变，第二轮土地承包到期后再延长三十年”。

本条规定的农村土地承包经营制度，包括两种承包方式，即家庭经营方式的承包和以招标、拍卖、公开协商等方式的承包。家庭承包方式是指，以农村集体经济组织的每一个农户家庭全体成员为一个生产经营单位，作为承包人承包农民集体的耕地、林地、草地等农业用地，对于承包地按照本集体经济组织成员人人平等地享有一份的方式进行承包。其主要特点是：一是集体经济组织的每个人，不论男女老少，都有平均、平等享有承包本农民集体的农村土地的权利，除非自己放弃这个权利。也就是说，这些农村土地对本集体经济组织的成员来说，是人人有份的，任何组织和个人都无权剥夺他们的承包权。二是家庭承包经营以户为生产经营单位承包，也就是以一个农户家庭的全体成员作为承包方，与本集体经济组织或者村委会订立承包合同，享有合同中约定的权利，承担合同中约定的义务。承包户家庭中的成员死亡，只要承包户还有其他人在，承包关系仍不变，由这个承包户中的其他成员继续承包。三是承包的农村土地对每一个集体经济组织的成员是人人有份的。

有些农业用地并不是本集体经济组织成员都有份的，如菜地、养殖水面等，由于数量少在本集体经济组织内做不到人人有份，只能由少数农户来承包；有的“四荒”地虽多，但本集体经济组织成员有的不愿承包，有的根据自己的能力承包的数量不同。这些不宜采取家庭承包方式的农村土地，可以采取招标、拍卖、公开协商等方式承包。这些承包方式都是以自愿、公开、公正的原则进行的。

## 五、土地承包与土地所有权性质

农村土地承包法第四条规定：“农村土地承包后，土地的所有权性质不变。承包地不得买卖。”

我国农村实行的是以家庭承包为基础、统分结合的双层经营体制，土地等生产资料仍归农民集体所有，农户通过承包，享有土地承包经营权。承包户取得承包经营权后，对所承包的土地有了经营自主权，农民成为自主经营、自负盈亏的市场主体，自己决定如何生产、种什么以及如何种植等；享有依照法律规定进行土地经营权合理流转的权利，享有对承包土地的收益权。承包经营权与土地所有权是不同的，它不具有所有权所具备的占有、使用、收益和处分四种权能中的处分权。比如，承包户转让其土地承包经营权，是在不得改变土地所有权性质的前提下进行的。土地承包经营权转让，需经发包方同意，并履行相应的法律程序。

土地承包不是将集体所有的土地私有化，土地所有权的性质没有改变。农民对其所承包的土地不得买卖，只能依照农村土地承包法的规定对其土地承包经营权或土地经营权进行流转。

## 六、农村集体经济组织成员享有承包权

国家实行农村土地承包经营制度，农村土地承包主要是农村集体经济组织内部的家庭承包。在家庭承包中，农村土地应当依法发包给本集体经济组织成员经营。对不宜采取家庭承包方式的荒山、荒沟、荒丘、荒滩等，采取招标、拍卖、公开协商等方式承包的，本集体组织成员在同

等条件下有优先承包权。

农村土地承包法第五条第一款规定："农村集体经济组织成员有权依法承包由本集体经济组织发包的农村土地。"该款规定主要有以下几层含义：一是农村集体经济组织成员有权承包的土地是农村集体所有的土地以及国家所有依法由农民集体使用的农村土地。可以实行家庭承包经营的农村土地范围已在农村土地承包法第二条中明确规定。二是有权承包本集体经济组织发包土地的是本集体经济组织成员。如果土地是由村农民集体经济组织发包的，村集体经济组织成员有权承包。如果土地是由村内两个以上农村集体经济组织各自发包的，各该集体经济组织的成员有权承包。由于乡（镇）农民集体所有的农业用地大多面积较小，因此一般不向本集体经济组织所有成员发包。三是本农村集体经济组织成员是指本集体经济组织内的所有成员。比如，家庭承包中的承包方是农村集体经济组织的农户。发包方将土地发包给农户经营时，应当按照每户所有成员的人数来确定承包土地的份额，也就是通常所说的"按户承包，按人分地"，也叫"人人有份"。由于每个集体经济组织成员在本集体经济组织中均享有成员权，也由于农村土地是农民的基本生产资料和基本生活保障，因此每个农村集体经济组织的成员都享有土地承包权。这一点与村民会议成员权不同，按照村委会组织法的规定，村民会议由本村 18 周岁以上的村民组成；年满 18 周岁的村民有选举权和被选举权。而家庭土地承包权则没有年龄限制。

农村土地承包法第五条第二款规定："任何组织和个人不得剥夺和非法限制农村集体经济组织成员承包土地的权利。"任何组织和个人不得以民族、种族、性别、职业、家庭出身、宗教信仰、教育程度、财产状况、居住期限等理由，剥夺和非法限制农村集体经济组织成员的承包权利。任何组织和个人剥夺和非法限制农村集体经济组织成员承包权利的，应当依照农村土地承包法和其他法律的规定，承担法律责任。

## 七、妇女农村土地承包权的保护

农村土地承包法第六条规定："农村土地承包，妇女与男子享有平等的权利。承包中应当保护妇女的合法权益，任何组织和个人不得剥夺、侵害妇女应当享有的土地承包经营权。"

根据本条的规定，农村妇女在承包土地时与男子享有平等的权利。承包中应当保护妇女的合法权益，任何组织和个人不得剥夺、侵害妇女应当享有的土地承包经营权。农村土地承包中妇女与男子享有平等的权利，是男女平等原则的重要体现。宪法明确规定，中华人民共和国妇女在政治的、经济的、文化的、社会的和家庭的生活等各个方面享有同男子平等的权利。妇女权益保障法也规定，妇女在政治的、经济的、文化的、社会的和家庭的生活等方面享有与男子平等的权利。国家保障妇女享有与男子同等的财产权利。妇女权益保障法还规定，妇女在农村土地承包经营、集体经济组织收益分配、土地征收或者征用补偿费使用以及宅基地使用等方面，享有与男子平等的权利。

但是，在一些农村中仍然存在歧视妇女的现象，妇女在农村土地承包中的权利受到侵害，如妇女出嫁后，在新居住地没有取得承包地的情况下收回其原承包地；有的农村妇女离婚或者丧偶后，仍在原居住地生活或者不在原居住地生活但在新居住地也未取得承包地，原集体经济组织即收回该妇女已经取得的原承包地；等等。因此，农村土地承包法再次强调保护妇女在土地承包中的平等权利，是贯彻男女平等、保护妇女权益的重要体现，在广大农村地区，也具有重要的现实意义。

农村妇女在农村土地承包中的权利，主要体现为：一是作为农村集体经济组织的成员，妇女同男子一样有权承包本集体经济组织发包的土地。本集体经济组织在发包土地时，应当按照家庭人口数量而不是论男女来确定承包土地的份额。不能因为是妇女而不许其承包土地，也不能因为是妇女而不分配给其应有承包地份额。二是妇女结婚的，其承包土地的权利受法律保护。在现实中，农村妇女结婚往往在男方家落户。在有些情况下，男方家是属于另外一个农村集体经济组织的，该妇女在新居住地如果未获得承包土地，其从原集体经济组织获得的承包土地，发包方不得收回。三是妇女在离婚或者丧偶的情况下，仍在原居住地生活，或者不在原居住地生活但在新居住地未取得承包地的，原集体经济组织不得收回该妇女已经取得的原承包地。对非法剥夺、侵害农村妇女依法享有的土地承包经营权的，受侵害的妇女可以向发包方，如村集体经济组织、村委会或者村民小组主张自己的权利。还可以向农村土地承包仲裁机构申请仲裁，也可以直接向人民法院起诉，要求侵权方承担停止侵害、恢复原状、排除妨害、赔偿损失等民事责任，以维护自己承包土地的合法权益。

同时，此次修改后的农村土地承包法第二十四条明确“土地承包经营权证或者林权证等证书应当将具有土地承包经营权的全部家庭成员列入”。从而进一步保护了妇女的土地承包经营权。

## 八、农村土地承包的原则

农村土地承包法第七条规定：“农村土地承包应当坚持公开、公平、公正的原则，正确处理国家、集体、个人三者的利益关系。”

根据农村土地承包法规定，“公开、公平、公正”是农村土地承包中必须遵循的一项基本原则。违反这一基本原则，农民承包土地的权益就会受到侵犯，农村土地承包经营制度的贯彻实施就会被破坏。

“公开”是指以下几个方面：一是进行承包活动的信息要公开。在按照规定进行土地承包时，发包方应当及时公布土地承包的有关信息，让本集体经济组织成员或者其他承包方知晓土地承包的基本情况。公开的方式，根据具体情况可以采取不同的形式，如可以张贴公告、有线广播或者召开村民会议等。公开承包活动的有关信息包括：向村民宣传、介绍有关土地承包的法律、法规和国家政策，让村民了解进行土地承包的基本精神等；公布拟发包土地的名称、坐落、面积、质量等级等。公开有关信息要做到透明、及时、准确。二是进行承包的程序要公开。在进行农村土地家庭承包过程中，承包程序的公开主要有以下几个方面：由本集体经济组织成员的村民会议选举产生承包工作小组；由承包工作小组依照法律、法规的规定拟订承包方案并向本集体经济组织全体成员公布；依法召开村民会议，讨论通过承包方案。三是承包方案和承包结果公开。承包方案经过村民会议讨论通过后，应当及时公布，同时公开组织实施承包方案，确定每户及每个集体经济组织成员承包土地的具体名称、坐落、面积、质量等级等。

发包方和承包方应当签订书面承包合同，确定各自的权利和义务。承包方自承包合同生效时起取得土地承包经营权。县级以上人民政府应当向承包方颁发土地承包经营权证或者林权证，并登记造册，确认土地承包经营权。

“公平”主要是指本集体经济组织成员依法平等地享有、行使承包本集体经济组织土地的权利。在确定承包方案时，应当民主协商，公平合理地确定发包方、承包方的权利义务。尤其是发包方不得滥用权力，承包合同中不得对承包方的权利进行不合理的限制、干涉承包方的生产经营自主权，或者通过承包合同给承包方增加不合理的负担。

“公正”主要是指在承包过程中，要严格按照法定的条件和程序办事，同等地对待每一个承包方，不得暗箱操作，也不得厚此薄彼。例如，在确定承包方案时，首先由本集体经济组织成员选举产生承包工作小组，承包工作小组依照法律、法规拟定并公布承包方案，然后召开村民会议，讨论通过承包方案。对承包方来说，应当以正当的手段参加承包活动，不得通过行贿或者利用亲属关系，来获得有利的承包条件。

对不宜采取家庭承包方式的荒山、荒沟、荒丘、荒滩等农村土地采取其他方式承包的，“公开”主要是指发包方应当通过公告、召开村民会议宣布或者通过报纸、广播、电视等公共媒体公开有关荒山、荒沟、荒丘、荒滩的位置、面积，以及对承包方的基本要求等信息。采取招标、拍卖和协商的方式来确定承包方。招标、拍卖和协商的过程要公开透明。将农村土地发包给本集体经济组织以外的单位或者个人承包的，还要事先经本集体经济组织成员的村民会议三分之二以上成员或者三分之二以上的村民代表同意，并报乡（镇）人民政府批准。确定承包方的，发包方应当及时通知承包方。“公平”主要是指发包方和承包方法律地位平等，双方应当通过定标、竞价或者协商一致的方式，公平合理地确定承包期、承包费以及其他权利义务，一方不得将其意志强加于另一方。“公正”主要是指，对发包方来说，要严格按照公开的条件和程序办事。例如，采取招标发包的，发包方应当同等地对待每一个投标竞争者，不得厚此薄彼，亲疏有别。应当以投标人在承包费、技术能力、资金条件等方面最优者为定标标准，确定最终承包人。对投标方来说，应当以正当的手段参加投标竞争，不得串通投标，不得向发包方及其工作人员行贿、提供回扣或给予其他好处等来获得承包土地或者其他有利的承包条件。又如，采取拍卖方式发包的，在没有保留价的情况下，发包方应当将土地发包给最高出价的竞买人。竞买人之间、竞买人与拍卖人之间不得恶意串通损害发包方的利益。在土地承包过程中，还要注意处理好国家、集体、个人三者的利益关系。在农村土地经营中，要合理开发利用土地资源，既要提高生产力，又要防止掠夺性开发，以保持土地的可持续利用。

## 九、土地承包双方当事人合法权益的保护

农村土地承包法第八条规定："国家保护集体土地所有者的合法权益，保护承包方的土地承包经营权，任何组织和个人不得侵犯。"

保护农村土地承包双方当事人的合法权益主要表现在两个方面：一方面国家保护集体土地所有者的合法权益；另一方面保护承包方的土地承包经营权。农村土地承包双方当事人的合法权益，任何组织和个人都不得侵犯。

国家对集体土地所有者合法权益的保护主要体现在以下几个方面：

一是对集体所有的土地，依法确认所有权。根据宪法、土地管理法等法律规定，农村和城市郊区的土地，除由法律规定属于国家所有的外，属于农民集体所有；宅基地和自留地、自留山，属于农民集体所有。农民集体所有的主要形式包括：村农民集体所有，村内两个以上农村集体经济组织所有，乡（镇）农民集体所有。对农民集体所有的土地，由县级人民政府登记造册，确定农民集体所有土地的权属性质、面积、坐落，并将这些内容记载到土地登记簿，同时核发集体土地所有权证书，确认所有权。农

民集体所有的林地、草原的所有权登记，应当按照森林法、草原法的有关规定办理所有权登记，有关部门应当向农民集体所有者核发林地、草原所有权证书，确认所有权。依法登记的农民集体所有土地所有权受法律保护，任何单位和个人都不得侵犯。

二是保护农村集体经济组织依法对土地的经营管理权。根据土地管理法和农村土地承包法的规定，农村集体所有的土地依法属于村农民集体所有的，由村集体经济组织或者村民委员会经营、管理，在农村土地家庭承包中，由村集体经济组织或者村民委员会作为发包方，与本集体的农户签订承包合同，将土地交由承包方经营。农村集体土地由村内两个以上农村集体经济组织所有的，由村内各该农村集体经济组织或者村民小组经营、管理，并作为家庭承包的发包方，与本集体经济组织成员签订承包合同，将土地交由承包方经营。集体土地所有者对土地的经营管理权受法律保护。在农村土地承包中，任何组织和个人都不得非法干涉发包方的权利，尤其是国家机关及其工作人员不得利用职权干涉农村土地承包。

三是对侵犯集体土地的行为应当给予法律制裁。依法登记的集体土地受到非法侵害时，集体土地所有人可以要求人民政府有关部门给予保护，如在土地承包中，承包方非法在耕地上建房、采石等，自然资源主管部门根据发包方的报告责令承包方改正、治理，并依法处罚。对非法侵占农民集体所有土地的，发包方可以要求人民政府有关部门确认所有权或者向人民法院提起确权之诉等。如果农村集体经济组织的承包方违反承包合同约定，给农村集体经济组织的土地所有权等权益造成损害的，发包方有权要求承包方承担赔偿损失等民事责任。

国家保护承包方的土地承包经营权主要体现在以下几个方面：一是农村土地承包法明确规定，农村集体经济组织成员有权依法承包由本集体经济组织发包的土地。任何组织和个人不得剥夺和非法限制农村集体经济组织成员承包土地的权利。

二是承包期内，发包方不得收回承包地。国家保护进城农户的土地承包经营权。不得以退出土地承包经营权作为农户进城落户的条件。承包期内，承包农户进城落户的，引导支持其按照自愿有偿原则依法在本集体经济组织内转让土地承包经营权或者将承包地交回发包方，也可以鼓励其流转土地经营权。承包期内，承包方交回承包地或者发包方依法收回承包地时，承包方对其在承包地上投入而提高土地生产能力的，有权获得相应的补偿。承包合同中违背承包方意愿或者违反法律、行政法规有关不得收回、调整承包地等强制性规定的约定无效。

三是承包期内，发包方不得调整承包地。承包期内，因自然灾害严重毁损承包地等特殊情形对个别农户之间承包的耕地和草地需要适当调整的，必须经本集体经济组织成员的村民会议三分之二以上成员或者三分之二以上村民代表的同意，并报乡（镇）人民政府和县级人民政府农业农村、林业和草原等主管部门批准。承包合同中约定不得调整的，按照其约定。

四是承包期内，承包方可以自愿将承包地交回发包方。承包方自愿交回承包地的，可以获得合理补偿，但是应当提前半年以书面形式通知发包方。承包方在承包期内交回承包地的，在承包期内不得再要求承包土地。

五是承包方应得的承包收益，依照继承法的规定继承。林地承包的承包方死亡，其继承人可以在承包期内继续承包。依照其他方式承包有关规定，通过招标、拍卖、公开协商等方式取得土地经营权的，该承包人死亡，其应得的承包收益，依照继承法的规定继承；在承包期内，其继承人可以继续承包。

六是家庭承包中的承包方可以自主决定依法采取出租（转包）、入股或者其他方式向他人流转土地经营权，并向发包方备案。通过招标、拍卖、公开协商等方式承包农村土地，经依法登记取得权属证书的，可以依法采取出租、入股、抵押或者其他方式流转土地经营权。承包方有权依法自主决定土地承包经营权是否流转和流转的形式。任何组织和个人强迫进行土地承包经营权互换、转让或者土地经营权流转的，该互换、转让或者流转无效。任何组织和个人擅自截留、扣缴土地承包经营权互换、转让或者土地经营权流转收益的，应当退还。

七是发包方违反承包合同，给承包方造成损失的，承包方有权要求发包方承担赔偿损失等违约责任。

八是发包方或者其他组织和个人，非法干涉承包方生产经营权等侵害承包方合法权益的，承包方有权要求侵权人承担停止侵害、排除妨碍、消除危险、返还财产、恢复原状、赔偿损失等民事责任。

## 十、土地经营权的流转

农村土地承包法第九条规定："承包方承包土地后，享有土地承包经营权，可以自己经营，也可以保留土地承包权，流转其承包地的土地经营权，由他人经营。"

明确农村集体土地所有权、土地承包权、土地经营权"三权"分置，是本次法律修改的重点内容。习近平总书记在2013年召开的中央农村工作会议上指出，"要不断探索农村土地集体所有制的有效实现形式，落实集体所有权、稳定农户承包权、放活土地经营权"。在中央全面深化改革领导小组第五次会议上指出，"要在坚持农村土地集体所有的前提下，促使承包权和经营权分离，形成所有权、承包权、经营权‘三权’分置、经营权流转的格局”。“三权”分置改革是继家庭承包责任制之后农村改革的重大理论和制度创新，丰富了农村双层经营体制的内涵。家庭承包责任制实现集体土地的“两权”分离，调动了亿万农民的生产积极性，“三权”分置主要解决农业适度规模经营、集约化经营及发展现代农业问题。

我国宪法规定，“农村和城市郊区的土地，除由法律规定属于国家所有的以外，属于集体所有”。物权法规定，农村集体土地“属于本集体成员集体所有”。农村集体经济组织或者村委会代表集体经济组织行使所有权，享有对土地占有、使用、收益和处分的权利。我国农村集体土地所有权集体所有制同全民所有制一样，是社会主义经济制度的基础。修改农村土地承包法，需要与宪法及相关法律衔接好。

2007 年制定的物权法，将土地承包经营权明确界定为用益物权，此次修改土地承包法，立足于坚持集体土地所有权制度，进一步明确界定集体土地所有权与土地承包经营权的权利内容，防止集体土地所有权虚置，实现权利平衡。

土地承包权是承包地流转后从土地承包经营权中分置出来的，农户拥有土地承包权是农村基本经营制度的基础。实践中，取得承包权必须以具有本集体经济组织成员资格为基础。

土地承包经营权与土地承包权的权利主体都是土地承包方。承包方的权利包括：一是承包期内使用承包地，自主组织生产经营和处置产品的权利；二是承包期内出租（转包）、互换、转让、入股、交回承包地获得收益的权利；三是承包地被征收、征用、占用获得补偿的权利；四是承包期内承包人应得的承包收益可以依法继承，林地承包人死亡，其继承人可以在承包期内继承承包等。土地承包经营权互换、转让须在集体经济组织内进行，互换是为了方便耕作，转让是放弃土地承包经营权。在这两种情形下，发包方需要与新承包方重新确定承包关系。

在承包地未流转的情况下，承包方拥有土地承包经营权，既承包又经营。在承包地流转的情况下，承包方拥有土地承包权，只承包不经营，经营权流转给了第三方。流转是土地承包权设立的前提。如果承包方与第三方的土地流转合同到期，承包方仍享有土地承包经营权。

承包方采用出租（转包）、入股等方式将承包地流转给第三方使用后，土地经营权转移，受让方（第三方）的土地经营权设立。保障土地经营权人依法享有的合法权益，规范流转行为，是完善农村土地承包法律制度的一个重点，也是农村基本经营制度的与时俱进。

土地经营权人的权利，包括按照合同使用流转的承包地，自主开展生产经营并取得收益；因改善生产条件、提高生产能力获得相应补偿；经承包方同意并向发包方备案，可以用土地经营权设定融资担保；经承包方同意并向发包方备案，可以再流转土地经营权等。土地经营权人承担的义务：支付土地流转对价；不得改变流转土地的农业用途；不得连续两年弃耕抛荒；不得破坏农业综合生产能力和土地生态环境等。

## 十一、土地经营权流转合法权益的保护

农村土地承包法第十条规定：“国家保护承包方依法、自愿、有偿流转土地经营权，保护土地经营权人的合法权益，任何组织和个人不得侵犯。”

国家明确保持土地承包关系稳定并长久不变，农民获得了稳定的土地承包经营权。承包方可以自主决定依法采取出租（转包）、入股或者其他方式向他人流转土地经营权，并向发包方备案。

赋予第三方经营主体土地经营权，是完善农村基本经营制度的重要内容。土地经营权流转缓解了我国当前农业农村经济发展过程中人地矛盾突出问题，有利于保障农业生产的顺利进行，有利于农村劳动力转移和有意愿的农民转产转业。

土地经营权流转必须在土地承包关系稳定的前提下进行，必须在农民自愿的基础上进行，不得要求承包方无偿

转让土地经营权，并且不得违法改变土地用途。同时，本次法律修改还明确，保护土地经营权人的合法权益，任何组织和个人不得侵犯。这样规定，可以为第三方获得承包地流转后的权益保护提供有效的法律保障，可以有效保护土地经营权流转的稳定开展。

实践中，一些地方在执行国家政策和法律的过程中出现了一些偏差：一是违背农民意愿，强制推行土地经营权流转，搞规模经营，侵害了农民的经营自主权，影响了农村土地承包关系的稳定。二是在农村土地经营权流转中，没有兼顾农民利益，甚至损害农民利益，引起农民的强烈不满。三是借农村土地经营权流转之名，随意变更土地用途等。这些行为都违背了法律规定和国家政策，必须予以纠正。

## 十二、土地承包经营中土地资源的保护

农村土地承包法第十一条规定："农村土地承包经营应当遵守法律、法规，保护土地资源的合理开发和可持续利用。未经依法批准不得将承包地用于非农建设。国家鼓励增加对土地的投入，培肥地力，提高农业生产能力。"

土地是人类可利用的一切自然资源中最基本、最宝贵的资源，是最基本的生产资料，是为人类提供食物和其他生活资料的重要源泉。人多地少是我国的基本国情，人均

占有国土面积不到世界人均占有量的1/3。耕地总体质量差，生产水平低，耕地退化严重，耕地后备资源匮乏。同时，我国的人口在不断增长。在现阶段粮食生产技术水平没有重大突破的情况下，人增地减的趋势已经成为我国经济社会发展中的一个重大问题和严峻挑战。尽管我国实行最严格的耕地保护制度，近年粮食生产连年增产，但是十分珍惜、合理利用土地和切实保护耕地，仍是关系国计民生、关系国家发展全局和中华民族生存安危的大事，是我国的基本国策。合理利用土地，保护土地资源也是促进社会经济的可持续发展的要求。强化土地管理，实现对土地的永续利用，以促进社会经济的可持续发展，是土地承包中应当特别重视的问题。

保护土地资源的合理开发和可持续利用，各级人民政府应当依法采取措施，全面规划，严格管理、保护、开发土地资源，制止非法占用土地的行为。根据土地管理法等法律，各级人民政府应当做到以下几点：

1. 各级人民政府应当依据国民经济和社会发展规划、国土整治和资源环境保护的要求、土地供给能力以及各项建设对土地的需求，组织编制土地利用总体规划。国家编制土地利用总体规划，实行土地用途管制制度，规定土地用途，将土地分为农用地、建设用地和未利用地。严格限制农用地转为建设用地，控制建设用地总量，对耕地实行特殊保护。农用地是指直接用于农业生产的土地，包括耕地、林地、草地、农田水利用地、养殖水面等。

2. 国家实行基本农田保护制度。耕地应当根据土地利用总体规划划入基本农田保护区，严格管理。各省、自治区、直辖市划定的基本农田应当占本行政区域内耕地的80%以上。基本农田保护区以乡（镇）为单位进行划区定界，由县级人民政府土地主管部门会同同级农业主管部门组织实施。征用基本农田必须经国务院批准，地方各级人民政府无权批准征用基本农田。禁止任何单位和个人闲置、荒芜耕地。

3. 国家鼓励土地整理。县、乡（镇）人民政府应当组织农村集体经济组织，按照土地利用总体规划，对田、水、路、林、村综合整治，提高耕地质量，增加有效耕地面积，改善农业生产条件和生态环境。

4. 应当采取有效措施鼓励农民和农村集体经济组织增加对土地的投入，培肥地力，提高农业生产能力。

国家鼓励增加对土地的投入，培肥地力，提高农业生产能力。作为集体土地的所有人和土地承包的当事人，发包方应当做到以下几点：

1. 监督承包方依照承包合同约定的用途合理利用和保护土地，制止承包方损害承包地和农业资源的行为，如占用基本农田发展林果业和挖塘养鱼等。如果承包方给承包地造成永久损害的，发包方有权制止，并有权要求承包方赔偿由此造成的损失。

2. 执行县、乡（镇）土地利用规划，组织本集体经济组织内的农业基础设施建设，对田、水、路、林、村进行综合整治，提高耕地质量，增加有效耕地面积，改善农业生产条件和生态环境。维护排灌工程设施，改良土壤，提高地力，防止土地荒漠化、盐渍化、水土流失和污染土地。

3. 切实履行承包合同，保证承包方对土地的投入，培肥地力，提高农业生产能力的积极性。如耕地的承包期为三十年，在承包期内，发包方不得违法收回、调整承包地；在承包期内，承包方交回承包地时，发包方对其在承包地上投入而提高土地生产能力的，发包方应当给予补偿。承包方应当做到以下几点：

1. 按照承包合同中确定的土地用途使用土地。承包土地的目的就是从事种植等农业生产，禁止改变农用土地的用途，不得将其用于非农业建设。如不得在耕地上建窑、建坟或者擅自在耕地上建房、挖砂、采石、采矿、取土等。从保护耕地的角度，承包方不得用基本农田发展林果业和挖塘养鱼。承包方违法将承包地用于非农建设的，由县级以上人民政府有关部门予以处罚。

2. 增加土地的投入，禁止掠夺性开发。承包方应当合理地增肥地力，这样一方面可以提高土地生产力，发挥土地最大效益，从而提高农作物的产量，增加自己的收入；另一方面可以提高土地质量，保证农业生产的可持续发展，造福子孙后代。

3. 合理利用土地，不得给土地造成永久性损害。例如，为了片面追求短期内的生产效益，有的承包方在承包地上大量施用化肥和农药，结果导致土壤污染，生产能力下降；也有的擅自改变农用地的用途，如在耕地上建房、建窑等建筑物，对耕地造成难以恢复的损害。承包方给土地造成永久性损害的，应当承担赔偿损失等法律责任。

## 十三、农村土地承包中相关部门职责的规定

农村土地承包法第十二条规定："国务院农业农村、林业和草原主管部门分别依照国务院规定的职责负责全国农村土地承包经营及承包经营合同管理的指导。县级以上地方人民政府农业农村、林业和草原等主管部门分别依照各自职责，负责本行政区域内农村土地承包经营及承包经营合同管理。乡（镇）人民政府负责本行政区域内农村土地承包经营及承包经营合同管理。"

农村土地承包涉及不同类型的农村土地，对农村土地承包及承包合同的管理也涉及政府各个相关的行政部门。本条对农村土地承包工作分不同层次作了规定。

一是从中央、国家层面看，本条首先明确国务院农业

农村、林业和草原主管部门，在农村土地承包经营方面的职责。

根据有关规定，农业农村部的主要职责与农村土地承包关系密切的内容有：统筹研究和组织实施“三农”工作的发展战略、中长期规划、重大政策；拟定深化农村经济体制改革和巩固完善农村基本经营制度的政策。负责农民承包地、农村宅基地改革和管理有关工作。负责农村集体产权制度改革，指导农村集体经济组织发展和集体资产管理工作。指导农民合作经济组织、农业社会化服务体系、新型农业经营主体建设与发展；指导乡村特色产业、农产品加工业、休闲农业和乡镇企业发展工作；发布农业农村经济信息，监测分析农业农村经济运行。承担农业统计和农业农村信息化有关工作；负责种植业、畜牧业、渔业、农垦、农业机械化等农业各产业的监督管理。指导粮食等农产品生产。组织构建现代农业产业体系、生产体系、经营体系、指导农业标准化生产。组织农业资源区划工作，指导农用地、渔业水域以及农业生物物种资源的保护与管理，负责水生野生动植物保护、耕地及永久基本农田质量保护工作。指导农产品产地环境管理和农业清洁生产，指导设施农业、生态循环农业、节能农业发展以及农村可再生能源综合开发利用、农业生物质产业发展，牵头管理外来物种；负责有关农业生产资料和农业投入品的监督管理等。

根据有关规定，国家林业和草原局的主要职责与农村土地承包关系密切的内容有：负责林业和草原及其生态保护修复的监督管理，拟定林业和草原及其生态保护修复的政策、规划、标准并组织实施，组织开展森林、草原、湿地、荒漠和陆生野生动植物资源监测与评定；组织林业和草原生态保护修复和造林绿化工作。组织实施林业和草原重点生态保护修复工程，指导公益林和商品林的培育，监督全民义务植树、城乡绿化工作。指导林业和草原有害生物防治、检疫工作。承担林业和草原应对气候变化的相关工作；负责森林、草原、湿地资源的监督管理，负责林地管理，拟定林地保护利用规划并组织实施，指导农村林地承包经营，开展退耕（牧）还林还草等。

农业农村部与国家林业和草原局的上述职责，都涉及农村土地承包及承包合同。作为主管上述相关工作的中央部门，其主要工作是制定方针、政策及相关措施，监督、指导农村土地承包及承包合同的管理。同时，涉及农村土地承包的不仅限于农业农村部与国家林业和草原局，也涉及中央其他部门。例如，作为土地的主要管理部门自然资源部，对农村土地亦有管理职责，包括制定各类自然资源和不动产统一确权登记规范，建立健全全国自然资源和不动产登记信息管理基础平台，组织划定永久基本农田、城镇开发边界等控制线，组织实施最严格的耕地保护制度，拟定耕地保护政策，完善耕地占补平衡制度，监督占用耕地补偿制度执行情况等。水利部统一管理水资源，指导农村水利工作，即组织开展大中型灌排工程建设与改造，指导农村饮水安全工程建设管理工作，指导节水灌溉有关工作，协调牧区水利工作，指导农村水利改革创新和社会化服务体系建设，指导农村水能资源开发、小水电改造和水电农村电气化功能组等。

因此，除农业农村部与国家林业和草原局外，各有关部门虽然不是农村土地承包及承包合同的主要管理部门，但也应当做好与农村土地承包有关的工作。

二是从地方层面看，本条明确县级以上地方人民政府农业农村、林业和草原等主管部门，在农村土地承包中的职责。

县级以上地方人民政府农业农村、林业和草原等主管部门的设置与国务院有所不同。本条表述为“县级以上地方人民政府农业农村、林业和草原等主管部门”。这样表述更符合实际情况。县级以上地方人民政府有关部门负责本行政区域内农村土地承包及承包合同的管理工作。同级各部门以及上下各级部门工作各有分工。一般来说，下级部门的工作较上级部门更为具体。县级以上地方人民政府有关部门的工作有但不限于如下内容：起草、制定有关地方法规、规章，制定统一的合同文本，对土地承包登记造册，确权发证；办理审批、备案；指导签订土地承包合同、合同的履行以及土地承包经营权的流转；进行农村集体经济组织建设；进行农业基本建设、兴修水利、平整土地，制定耕地保养长期规划；建立农业科技、化肥、机械等服务体系，支援农业，为农户服务；建立农村土地承包及承包合同档案；培训土地承包合同管理人员；调解农村土地承包经营纠纷等。

三是乡（镇）人民政府的职责。乡（镇）人民政府负责本行政区域内农村土地承包经营及承包经营合同管理。乡（镇）人民政府一般不分设职能部门，但有工作分工，一般设土地承包合同管理的专门人员，从事具体指导土地承包合同的签订、履行以及其他合同管理工作，其工作由乡（镇）人民政府负责。同时，前面所讲的中央和县级以上地方人民政府职能部门有关土地承包及承包合同的管理工作，大部分都要由乡（镇）人民政府具体落实。

# 第二章

# 家庭承包

## 第一节　发包方和承包方的权利和义务

家庭承包是农村集体经济组织内部成员人人有份的承包，只有本集体经济组织成员才有承包的资格。农民集体所有和国家所有由农民集体使用的耕地、林地、草地等农村土地，能够实行家庭承包的，应采取家庭承包方式。

### 一、家庭承包概述

#### （一）家庭承包的重要意义

家庭承包是农村土地承包的主要方式，具有十分重要的意义。

第一，关系到农村基本经营制度。以家庭承包经营为基础、统分结合的双层经营体制，是我国农村基本经营制度。稳定和完善农村土地承包关系，是党的农村政策的基石。稳定和完善农村土地承包关系，主要是稳定和完善家庭承包关系。改革开放以来，农业生产力得到了极大提升，农民收入持续提高，农村社会和谐稳定。这一切成就的取得，发端于农村土地承包制度的确立，得益于党和国家不断坚持和完善农村土地承包制度，保持农村土地承包制度的稳定性和连续性。党的十九大报告进一步明确“巩固和完善农村基本经营制度”，彰显了党和国家坚持农村基本经营制度的决心和信心，表明农村基本经营制度是一项必须长期坚持的制度。

第二，关系到农民利益保护。改革开放之初，农民的主要收入来源是家庭经营，主要是依靠耕种承包的土地满足生存和发展的需要。农村土地是农民的基本生产资料，是农民最可靠的生活保障，是农民的安身立命之本。随着城市化和工业化进程的推进，虽然农民来自耕种承包地的收入占比降低，但是农民仍然非常珍惜土地，有的仍然兼业耕种土地，有的尽管不耕种土地，但仍希望拥有一块承包地。当前土地仍然是农民的基本生产资料，仍然是农民重要的生活保障。同时，随着国家对物权保护的增强，农民的土地承包经营权成为农民的重要财产权益。保护农民享有的承包土地权益，是对农民最直接、最具体、最实在的保护。

第三，关系到经济社会发展大局。农业是国民经济的基础，为人类社会存在和发展提供最基本的物质基础。尤其在我国，人多地少的国情决定了农业和粮食问题始终是事关国计民生的重大问题。家庭承包经营符合我国农业农村的特点和规律，不仅能适应传统农业，也能适应采用先进科学技术和生产手段的现代农业，具有旺盛的生命力。同时，当前我国农村社会保障制度还不够完善，家庭承包经营在一定程度上发挥着社会“稳定器”的作用，经济周期波动时，农民还有一块土地能够耕种，避免带来社会问题。

**（二）家庭承包方式的主要特点**

家庭承包方式的主要特点是：按人分地，按户承包，户内成员平等享有。

1. 按人分地。农村集体经济组织成员有权依法承包由本集体经济组织发包的农村土地。集体经济组织依法统一组织承包时，本集体经济组织成员平等地行使承包土地的权利。也就是说，每个农村集体经济组织成员，不论年龄长幼、不分男女，在统一发包时，都有行使承包权而获得一块承包地的权利。任何组织和个人不得限制和剥夺农村集体经济组织成员承包土地的权利。农村集体经济组织成员可以放弃承包土地的权利，但必须是自愿的、主动的放弃，而不能被他人限制或剥夺，不能由于受到胁迫等因素而被动放弃。家庭承包强调公平，强调人人有份，这既是对农村集体经济组织成员生存与发展权利的确认，也是集体所有权在每一个集体经济组织成员个体上的体现。

2. 按户承包。家庭承包以家庭为单位，承包方是本集体经济组织的农户。在统一发包时，土地承包权利的获得基于个人是否是本集体经济组织的成员，农户获得承包土地的面积与本农户家庭中属于集体经济组织成员的人口数量有关，但是获得承包地以后，农户家庭就作为一个整体，拥有一定面积土地的承包经营权。承包方不是单个的集体经济组织成员，而是整个农户家庭。若承包期内发生家庭分户的情况，家庭内部可以自行协商分割。发包方应当尊重家庭成员协商达成的分割承包土地协议。

按户承包能够保障农村土地承包关系相对稳定。家庭成员往往因为人口迁入迁出、出生死亡等原因而发生变动。如果按人承包，那么土地承包关系不可避免地需要经常变动，稳定和完善农村土地承包关系就难以实现。家庭是相对稳定的。在承包期内只要家庭存在，家庭承包的土地一般不因人口变动而发生变化。家庭拥有的承包地，最初取得与人口情况有关，但是取得程序完成以后，家庭的承包地不再随人口变动而发生必然的变动。按户承包保障了家庭土地承包经营权的稳定，也保障了整个集体土地承包关系的相对稳定，能够给农户比较长时间的经营预期。

3. 户内成员平等享有。本次修改，在农村土地承包法第十六条第二款新增规定：“农户内家庭成员依法平等享有承包土地的各项权益。”此规定强调了农户内的家庭成员，不论性别、年龄，平等享有承包土地各项权益。在土地流转中，户主应当取得所有家庭成员的同意，不能在其他成员不知情的情况下流转土地；流转的收益应当由家庭成员平等享有。在离婚时，夫妻双方有权利依法请求分割土地承包经营权或其收益。由于结婚或者新出生而增加的新家庭成员，即平等获得了享有家庭承包土地的各项权益的权利。因为死亡而减少了的家庭成员，则当然丧失承包土地的权益，其承包土地的各项权益由现有家庭成员平等享有。家庭承包中，承包方的代表多为男性户主，在实践中经常出现不尊重妇女应有承包权益的情况。法律作出家庭成员依法平等享有承包土地的各项权益的规定，有利于保护妇女的合法权益。

户内成员平等享有家庭承包土地的各项权益的规定，进一步明晰了按户承包情况下，户内成员在承包土地上的权利义务关系，是对家庭承包中家庭成员关系的进一步完善，有利于妥善处理家庭内部原因造成的土地承包经营纠纷。

## 二、发包方

发包方是承包行为的发包主体。我国实行土地公有制，土地属于国家所有或者集体所有。农村土地属于农民集体所有，发包是农民集体所有权的行使方式之一。农民集体所有权，必须由特定的代表来具体行使。农村土地承包法第十三条第一款规定：“农民集体所有的土地依法属于村农民集体所有的，由村集体经济组织或者村民委员会发包；已经分别属于村内两个以上农村集体经济组织的农民集体所有的，由村内各该农村集体经济组织或者村民小组发包。村集体经济组织或者村民委员会发包的，不得改变村内各集体经济组织农民集体所有的土地的所有权。”属于国家所有但由农民集体使用的农村土地，同样要确定行使集体使用者权利的主体，实施发包行为。第十三条第二款规定：“国家所有依法由农民集体使用的农村土地，由使用该土地的农村集体经济组织、村民委员会或者村民小组发包。”

关于发包方的规定，包括以下几个方面：第一，村农民集体所有的土地，应当由村集体经济组织发包。第二，没有集体经济组织的，由村民委员会发包。第三，已经分别属于村内两个以上农村集体经济组织的农民集体所有的，由村内各该农村集体经济组织或村民小组发包。村内的农村集体经济组织，一般由人民公社时期的“生产队”演变而来。有些地方村内曾经有多个生产队，改革后有的演变为现在的多个村内集体经济组织，有的不再有村内集体经济组织，只设村民小组。村内各集体经济组织，发包本集体经济组织的土地；没有集体经济组织的，可以由村民小组发包本集体经济组织的土地。实践中，有些地方村民小组没有发包的能力或者条件，经本集体经济组织成员同意，可以由村集体经济组织、村民委员会代为发包。

发包村内集体所有的已经分别属于村内两个以上农村集体经济组织的农民集体所有的土地，不得改变土地所有权的现状，即原来属于村内哪个集体经济组织的土地仍然归其所有。由村集体经济组织或者村民委员会代为发包村内各集体经济组织所有的土地，特别要注意这一点。一个村集体有两个或两个以上集体经济组织的，各集体经济组织的土地应当发包给相应集体经济组织成员，各集体经济组织的土地边界不变；不得将各集体经济组织的土地合并在全村范围内平均承包；不得将任何一个集体经济组织的土地“平调”给另一个集体经济组织进行发包。

国家所有依法由农民集体使用的农村土地，由使用该土地的农村集体经济组织、村民委员会或者村民小组发包。具体的发包主体，可以按照农民集体所有土地发包的有关规定确定。

## 三、承包方

承包方是承包主体。发包方发包的土地由谁承包，农村土地承包法第十六条第一款规定：“家庭承包的承包方是本集体经济组织的农户。”集体经济组织以外的单位和个人不能以家庭承包方式承包本集体经济组织的农村土地。

## 四、发包方的权利、义务

### （一）发包方的权利

农村土地承包法第十四条规定：“发包方享有下列权利：（一）发包本集体所有的或者国家所有依法由本集体使用的农村土地；（二）监督承包方依照承包合同约定的用途合理利用和保护土地；（三）制止承包方损害承包地和农业资源的行为；（四）法律、行政法规规定的其他权利。”

在家庭承包中，作为发包方的农村集体经济组织、村民委员会或者村民小组，享有法律赋予的权利。这些权利包括以下两个方面：

一是发包的权利。即依法将农村土地进行发包。任何其他组织或个人不得阻碍、侵害或者剥夺发包方的发包权利。其他组织或个人进行发包，没有法律效力。各级政府及有关部门可以就发包进行法律和政策指导，但是不得行使发包权利，不得直接开展发包工作。有关发包内容，已经在上述“家庭承包的当事人、原则、程序”中作了介绍。

发包的权利，可能在以下情形中行使：（1）统一发包；（2）依照农村土地承包法第二十八条的规定，承包期内，在因自然灾害严重毁损承包地等特殊情形下对个别农户之间承包地进行适当调整；（3）依照农村土地承包法第二十九条规定，将集体经济组织依法预留的机动地、依法开垦新增地、发包方依法收回和承包方依法自愿交回的土地，依法用于调整承包土地或者承包给新增人口。不同情形下发包权利行使程序有所不同。

二是发包完成以后，发包方的权利。

1. 对承包方依法经营进行监督。发包行为完成后，对承包方是否依照合同约定的用途合理利用土地并保护土地，发包方具有监督的权利。承包合同必须约定承包地的用途，如承包地属于耕地、林地或者草地，有的还进一步约定承包地用于种植业、林业或者畜禽养殖业、渔业等。这是法律规定的土地用途管制制度的体现。发包方行使监督权，应当限于监督承包方在土地用途上不违反合同约定，发包方不得假借行使监督权干涉承包方依法自主开展具体农业生产经营活动。

2. 制止承包方损害承包地和农业资源的行为。承包方应当合理利用和保护土地，不得损害承包地和农业资源等。农业资源是指种植业、林业、畜牧业、渔业可以利用的土地、草原、水、生物、气候等自然资源。土地管理法规定："使用土地的单位和个人，有保护、管理和合理利用土地的义务。"基本农田保护条例规定："禁止任何单位和个人在基本农田保护区内建窑、建房、建坟、挖砂、采石、采矿、取土、堆放固体废弃物或者进行其他破坏基本农田的活动。禁止任何单位和个人占用基本农田发展林果业和挖塘养鱼。”农村土地承包法也规定了承包方应当履行义务，依法保护和合理利用土地，不得给土地造成永久性损害。承包方给承包地造成永久性损害的，发包方有权制止，并有权要求承包方赔偿因此造成的损失。

3. 对土地经营权流转受让方的监督。承包方流转土地经营权，受让方应当依照法律规定和流转合同约定经营土地。农村土地承包法第三十八条规定，土地经营权流转“不得改变土地所有权的性质和土地的农业用途，不得破坏农业综合生产能力和农业生态环境”。同时，按照该法第四十二条和第六十四条的规定，土地经营权人如果有擅自改变土地的农业用途、弃耕抛荒连续两年以上、给土地造成严重损害或者严重破坏土地生态环境等行为的，承包方可以单方解除土地经营权流转合同；承包方在合理期限内不解除土地经营权流转合同的，发包方有权要求终止土地经营权流转合同。土地经营权人对土地和土地生态环境造成的损害应当予以赔偿。

4. 其他法律、行政法规规定的权利。农村土地承包法和其他法律如果对发包方的权利另有规定的，则适用有关规定。例如，按照农村土地承包法第二十七条的规定，承包期内，承包农户进城落户的，引导支持其按照自愿有偿原则依法在本集体经济组织内转让土地承包经营权或者将承包地交回发包方，也可以鼓励其流转土地经营权；按照第三十六条、第四十七条的规定，发包方流转土地经营权、发包方或者流转受让方以土地经营权向金融机构融资担保，需要向发包方备案；第四十五条规定，工商企业等社会资本通过流转取得土地经营权的，本集体经济组织可以收取适量管理费用；等等。

**（二）发包方的义务**

农村土地承包法第十五条规定："发包方承担下列义务：（一）维护承包方的土地承包经营权，不得非法变更、解除承包合同；（二）尊重承包方的生产经营自主权，不得干涉承包方依法进行正常的生产经营活动；（三）依照承包合同约定为承包方提供生产、技术、信息等服务；（四）执行县、乡（镇）土地利用总体规划，组织本集体经济组织内的农业基础设施建设；（五）法律、行政法规规定的其他义务。"

发包方的义务主要是：

1. 维护承包方的土地承包经营权。承包方依法承包所取得的土地承包经营权，是承包方享有的一项独立的权利，受国家法律保护。按照物权法的规定，土地承包经营权是用益物权；用益物权人对他人所有的不动产或者动产，依法享有占有、使用和收益的权利；所有权人不得干涉用益物权人行使权利。维护承包方的土地承包经营权，是发包方的义务，也是法律对物权保护的具体体现。

发包方维护土地承包经营权，具体体现在，除法律规定的特殊情形外，不得非法变更、解除土地承包合同。农村土地承包法规定了在特殊情形下，发包方可以变更土地承包合同，从而改变土地承包关系，改变承包方的土地承包经营权。主要是按照农村土地承包法第二十八条第二款的规定，“承包期内，因自然灾害严重毁损承包地等特殊情形”，可以对个别农户之间承包的耕地和草地适当调整。但是此类土地调整必须经过两个程序：一是必须经本集体经济组织成员的村民会议三分之二以上成员或者三分之二以上村民代表的同意；二是必须报乡（镇）人民政府和县级人民政府有关主管部门批准。

2. 尊重承包方的生产经营自主权。承包方享有的土地承包经营权，是法律规定的用益物权。物权法规定：“所有权人不得干涉用益物权人行使权利。”“国家、集体、私人的物权和其他权利人的物权受法律保护，任何单位和个人不得侵犯。”承包方可以在不违反土地用途管制制度等法律规定的前提下，自主从事生产经营活动。任何组织和个人不得非法干涉承包方的生产经营自主权。在农业结构调整过程中，一些基层政府或组织，武断地认为某种农业产业有前途、有市场，以发展规模经营的名义，不顾农民意愿强迫承包方种植某种作物，或者强迫承包方购买指定种子等农业生产资料，甚至毁坏承包地上的已有作物等。这种做法侵犯了承包方的生产经营自主权，属于违法行为，应当纠正，造成承包方损失的，应当承担法律责任。

3. 依照承包合同约定为承包方提供服务。在统分结合的双层经营体制下，承包方依法从事农业生产经营活动，同时，集体经济组织或者村民委员会也要发挥“统”的功能，可以为承包方提供生产、技术、信息等服务。土地承包经营调动了农民的积极性，发展了农业生产力。但是分散的农户在进入市场时存在缺陷，主要是信息不灵、难以获得新技术、组织化程度较低、处于弱势地位。集体经济组织或者村民委员会应当充分发挥农户与外界联系的纽带作用，为承包方提供生产、信息、技术等服务。发包方为承包方提供的服务，承包方可以接受，也可以不接受。发包方不得强制承包方接受服务。

4. 组织农业基础设施建设。农业基础设施主要是指乡村机耕道路、灌溉排水等农田水利设施。农业基础设施建设通常涉及本集体经济组织的大部分农户，靠个别承包户的力量难以完成。发包方统一组织农业基础设施建设，是双层经营的重要内容。同时，发包方在发包土地、依法调整承包地的过程中，还必须认真执行县、乡（镇）土地利用总体规划，不得违反规划占用耕地或者开发利用其他土地资源。

此外，发包方还应当承担法律、行政法规规定的其他义务。例如，承包过程中不得违法预留或者增加机动地，不得向承包方收取法律、法规规定以外的费用等。

## 五、承包方的权利、义务

### （一）承包方的权利

农村土地承包法第十七条规定："承包方享有下列权利：（一）依法享有承包地使用、收益的权利，有权自主组织生产经营和处置产品；（二）依法互换、转让土地承包经营权；（三）依法流转土地经营权；（四）承包地被依法征收、征用、占用的，有权依法获得相应的补偿；（五）法律、行政法规规定的其他权利。"

1. 依法享有土地承包经营权。土地承包经营权是用益物权。物权法规定："用益物权人对他人所有的不动产或者动产，依法享有占有、使用和收益的权利。"

物权是指"权利人依法对特定的物享有直接支配和排他的权利，包括所有权、用益物权和担保物权"。相对于债权，物权是一种更强的保护。具体来说：第一，物权是权利人直接支配物的一种支配权，物权人可以依自己的意志就标的物直接行使其权利，无须他人的意思或义务人行为的介入。例如，房屋所有权人可以直接支配房屋，不需要他人的意思表示或义务人行为的介入。而债权的实现，必须依赖于债务人的行为，不能直接支配标的物，如租赁合同虽然成立，但是在出租人交付出租物之前，承租人就不能使用租赁物。第二，物权是绝对权，而债权是相对权。任何组织或个人不得干预或侵犯物权人依法行使权利，债权人则只能向特定的债务人主张权利。第三，物权是一种排他性权利，而债权具有相容性和平等性。物权人有权排除他人对其行使物上权利的干涉，同一物不许有内容不相容的物权并存。债权的相容性和平等性，是指同一标的物上可以成立内容相同的数个债权，并且其相互间是平等的，在效力上不存在排他性和优先性。当同一物上并存物权和债权时，物权优于债权的效力。

农村改革初期，通过集体与农户签订承包合同的方式，农户获得了土地承包经营权。这一时期主要通过中央政策确认并保护农民的土地承包经营权。1998 年 8 月，全国人大常委会修改通过了土地管理法，首次将土地承包写入了法律，并规定“土地承包经营期限为三十年。发包方和承包方应当订立承包合同，约定双方的权利和义务。承包经营土地的农民有保护和按照承包合同约定的用途合理利用土地的义务。农民的土地承包经营权受法律保护”。2002 年农村土地承包法通过，土地承包经营权成为一种法律规范的特定权利，强化了稳定和保护土地承包经营权的法律措施。2007 年物权法颁布，明确了土地承包经营权用益物权性质，进一步加强了对农村土地承包经营权的保护。2013 年以来，国家全面开展农村土地确权登记颁证工作，给农民吃下了“定心丸”。多年来，土地承包经营权由非法定权利变为法定权利，由债权性质逐步成为法律规定的用益物权性质，国家对农村土地承包经营权的确认和保护日益增强。

2. 依法使用承包地并获得收益的权利。承包方有权依法使用承包地，在承包地上进行耕作。承包方可以利用承包地自主组织农业生产经营活动，自主决定种植或养殖项目的种类和结构。只要承包方的生产经营活动不违反法律，任何组织或者个人无权干涉，更不能强迫。承包方对自己生产的产品有权自主处置。承包方出售农产品，依法按照市场原则自主决定价格。承包方生产经营活动获得的收益归承包方所有，其他组织和个人不得侵占、剥夺。农户在土地上增加投入，改良土壤等增加的土地价值，归承包方所有。

3. 依法互换、转让土地承包经营权。互换和转让，都是发生在本集体经济组织的农户之间行为，农村土地承包法第三十三条和第三十四条分别作了规定。互换是指承包方之间为方便耕种或者各自需要，对属于同一集体经济组织的土地的土地承包经营权进行互换；转让是指承包方将全部或部分土地承包经营权转让给本集体经济组织的其他农户。互换行为的后果是：当事人丧失自己原有的部分或全部土地承包经营权，同时获得另一方当事人部分或全部土地承包经营权。转让行为的后果是：一方当事人让渡自己原有的部分或全部土地承包经营权，另一方当事人获得相应的土地承包经营权。承包方如果转让的是部分土地承包经营权，则转让部分土地上的承包关系终止，未转让土地上的承包关系存续；如果转让的是全部土地承包经营权，则其与发包方的承包关系终止。

4. 依法流转土地经营权。流转，是指承包方采取出租（转包）、入股或者其他方式，向他人流转土地经营权。流转的客体是土地经营权。农村土地承包法第二章第五节专门规范了土地经营权的相关内容。

流转土地经营权，是在“两权分离”的基础上，进一步实现“三权分置”的关键环节。“两权分离”，即通过农村土地发包和承包，土地承包经营权与土地所有权分离；“三权分置”，即在承包方获得土地承包经营权的基础上，土地经营权与土地承包经营权分离，从而使集体土地所有权、农户土地承包经营权、经营者土地经营权并存。在流转到期、土地回归承包方后，农村土地权利则又回归到集体所有权、农户土地承包经营权的“两权分离”状态。

“两权分离”与“三权分置”将长期并存。

5. 承包地被依法征收、征用、占用时依法获得补偿的权利。按照土地管理法的规定，“国家为了公共利益的需要，可以依法对土地实行征收或者征用并给予补偿”，“国家实行占用耕地补偿制度”。

关于征收土地补偿的标准。2019 年 8 月通过的土地管理法修正案，修改了征收土地补偿的程序和标准。一是程序方面。拟征收土地的征收范围、土地现状、征收目的、补偿标准、安置方式和社会保障等，应当在拟征收土地所在的乡（镇）和村、村民小组范围内公告至少三十日，听取被征地的农村集体经济组织及其成员、村民委员会和其他利害关系人的意见。如果多数被征地农村集体经济组织成员认为征地补偿安置方案不符合法律、法规规定，县级以上地方人民政府应当组织召开听证会，并根据法律法规和听证会的情况修改方案。经过补偿登记、签订协议等环节后，县级以上地方人民政府才可以申请征收土地。二是补偿标准。征收土地的补偿应当公平、合理，保障被征地农民原有生活水平不降低、长远生计有保障。征收农用地的土地补偿费、安置补助费标准由省、自治区、直辖市通过制定公布区片综合地价确定。根据 2004 年的土地管理法规定，征收土地时按照被征收土地的原用途给予补偿。2019 年 8 月土地管理法修改实施以后，不能再按照原来的计算方法确定补偿标准。

集体建设需要占用承包地的，应当依法办理审批手续，并给承包方适当补偿，具体补偿水平可以根据承包地的收益水平和集体经济组织的实力，参照国家征用的补偿标准确定。

**（二）承包方的义务**

土地承包方享有土地承包经营权等权利，同时也承担相应的义务。农村土地承包法第十八条规定：“承包方承担下列义务：（一）维持土地的农业用途，未经依法批准不得用于非农建设；（二）依法保护和合理利用土地，不得给土地造成永久性损害；（三）法律、行政法规规定的其他义务。”

按照我国土地管理法律法规，国家实行土地用途管制制度，并且对耕地和基本农田实行特殊保护。承包方的主要义务就是应当遵守国家关于土地用途管制制度的规定，保护和合理利用土地。主要是：

1. 不改变土地的农业用途。国家的土地利用总体规划规定了土地用途，将土地分为农用地、建设用地和未利用地；使用土地的单位和个人必须严格按照土地利用总体规划确定的用途使用土地。农用地包括耕地、林地、草地、农田水利用地、养殖水面等，建设用地是指建造建筑物、构筑物的土地，包括城乡住宅和公共设施用地、工矿用地、交通水利设施用地、旅游用地、军事设施用地等。承包地一般属于农业用地，应当用于农业生产。承包方应当维持土地的农业用途；如果涉及非农业建设，包括占用耕地建窑、建坟或者擅自在耕地上建房、修路等，必然需要改变农用地用途，则必须办理批准手续；未获得批准的，则不得进行非农建设。

承包方维持土地的农业用途，还要遵守国家对耕地和基本农田保护的特殊规定。我国实行严格的耕地保护制度和基本农田保护制度。耕地比一般的农业用地管理更加严格，如法律禁止在耕地上挖砂、采石、采矿、取土等。基本农田则是耕地中最严格保护的土地类型。国家将粮棉油生产基地以及其他具有良好生产条件的耕地划入基本农田保护区，实行严格管理，如法律禁止占用基本农田发展林果业和挖塘养鱼。所以，如果承包地属于一般耕地而不是基本农田的，承包方可以自主选择发展种植业、林业、畜牧业或渔业等农业生产经营；如果承包地属于基本农田的，就不可以用来发展林果业，也不能用来挖鱼塘。永久基本农田转为建设用地的，由国务院批准。

2. 保护和合理利用土地。我国土地资源稀缺，保护和合理利用土地，保障农业综合生产能力，是承包方应尽的义务。承包方在生产经营中，应当采取措施保护承包地，保持和提升土地质量，保护和提高地力，维持农产品生产的良好生态环境，防止水土流失和盐渍化，防止土壤污染等。

3. 法律、行政法规规定的其他义务。

## 第二节 承包的原则和程序

### 一、承包原则

农村土地承包法第十九条规定：“土地承包应当遵循以下原则：（一）按照规定统一组织承包时，本集体经济组织成员依法平等地行使承包土地的权利，也可以自愿放弃承包土地的权利；（二）民主协商，公平合理；（三）承包方案应当按照本法第十三条的规定，依法经本集体经济组织成员的村民会议三分之二以上成员或者三分之二以上村民代表的同意；（四）承包程序合法。”

1. 成员依法平等行使承包土地的权利。在统一组织承包时，本集体经济组织成员依法平等地行使承包土地的权利。只要具有集体经济组织成员资格的个人，在统一组织承包时就可以行使承包权，从而获得一定面积土地的承包经营权。不具有集体经济组织成员资格的个人，则不具有承包权，因而无从获得土地承包经营权。集体经济组织成员有权自愿放弃承包，不行使承包权，不参与承包土地，放弃在本次统一发包中获得承包土地。成员不因放弃承包权而丧失集体经济组织成员身份，在下一次统一发包时，成员仍然可以行使承包权，依法承包土地。

2. 民主协商、公平合理。家庭承包必须尊重集体经济组织成员所应当享有的各项权利，保障成员知情权和参与权，充分发扬民主，广泛协商讨论。家庭承包是人人有份的承包，应当做到公平合理，保护每一个成员的利益。

3. 承包方案应当经民主表决通过。承包方案是统一承包实施的直接依据，关系到每一个成员的权益，必须依法经民主程序表决通过。按照法律规定，承包方案一般应当经本集体经济组织成员的村民会议三分之二以上成员同意，方可通过。也可以采取一定方式推选产生村民代表，由三分之二以上的村民代表表决通过承包方案。

4. 承包程序合法。公正与合法的承包程序是承包工作顺利进行的重要保障。农村土地承包法第二十条规定了承包程序。集体经济组织应当依照法律规定的程序开展统一承包，不得随意简化或者改变法律规定的程序。

## 二、承包程序

农村土地承包法第二十条规定："土地承包应当按照以下程序进行：（一）本集体经济组织成员的村民会议选

举产生承包工作小组；（二）承包工作小组依照法律、法规的规定拟订并公布承包方案；（三）依法召开本集体经济组织成员的村民会议，讨论通过承包方案；（四）公开组织实施承包方案；（五）签订承包合同。”

家庭承包一般分为五个步骤：

1. 选举产生承包工作小组。土地承包具体工作必须由一定的机构来组织实施。土地承包工作的第一项任务，就是成立承包工作小组。由于土地承包直接关系农民的切身利益，法律规定应当由集体经济组织成员的村民会议选举产生承包工作小组。承包工作小组的选举方式，可以根据具体情况和集体经济组织成员的意见确定。工作小组候选人，一般应当选择公道正派、有能力的村干部或者集体经济组织成员。实践中一般由村党支部、集体经济组织、村民委员会、村民小组的部分成员和一定数量的村民代表组成。

2. 拟订并公布承包方案。承包工作小组的主要职责是拟订承包方案。承包工作小组应当认真学习有关法律、法规和人民政府有关承包工作的政策文件，严格按照相关规定拟订承包方案。承包方案拟订好以后，应当在本集体经济组织范围内公布，或者采取一定方式告知本集体经济组织所有成员，保障村民、集体经济组织成员等了解承包方案。承包方案不能违背法律、法规，不能以村规民约代替法律法规。

3. 村民会议讨论通过承包方案。承包方案公布一定时间之后，应当召开本集体经济组织成员的村民会议，讨论承包方案，合理意见应当予以吸收。承包方案基本成熟以后，应当表决通过承包方案。承包方案应当经本集体经济组织成员的村民会议三分之二以上成员或者三分之二以上村民代表的同意，方案才能通过。

4. 组织实施承包方案。承包方案通过后，应当按照承包方案规定的原则、方法和要求，组织具体落实和实施承包方案，将土地承包到每一个农户家庭。

5. 签订承包合同。土地承包到户以后，应当由发包方与承包方签订承包合同。承包合同签订完成，整个承包工作则宣告完成。签订承包合同的发包方，即农村土地承包法第十三条所规定的发包方，可以是村集体经济组织或者村民委员会，或者村内各农村集体经济组织或者村民小组。签订合同的承包方，则是获得承包土地的农户，一般由户主代表农户签订承包合同。承包合同发包方、承包方各一份。同时，按照农村土地承包法第十二条规定，县级以上地方人民政府农业农村、林业和草原等主管部门分别依照各自职责，负责本行政区域内农村土地承包经营及承包经营合同管理；乡（镇）人民政府负责本行政区域内农村土地承包经营及承包经营合同管理。所以承包合同还应当向乡（镇）人民政府和县级人民政府有关部门存档。

需要注意的是，承包工作小组承担的是具体的承包工作，是临时工作组织机构，不能作为签订承包合同的主体。承包工作完成，则承包工作小组使命完成并解散。

农村土地承包以后，在承包期内承包方家庭分户的，由家庭内部自行解决土地承包经营权的分配问题。家庭内部就土地承包经营权分割达成协议的，发包方应当尊重其协议，没有达成协议产生纠纷的，可以依照相关法律法规处理。

## 第三节　承包期限和承包合同

### 一、农村土地承包期限

农村土地承包法第二十一条规定："耕地的承包期为三十年。草地的承包期为三十年至五十年。林地的承包期为三十年至七十年。前款规定的耕地承包期届满后再延长三十年，草地、林地承包期届满后依照前款规定相应延长。"

党中央文件多次提出，保持农村土地承包关系稳定并长久不变。农村土地承包期限，是稳定土地承包关系、保持土地承包关系长久不变的重要内容，也是保障农民土地承包权益的重要因素。规定一个相对长的承包期限，一是能够确保土地承包政策的稳定性，打消农民对频繁调地的顾虑，提高农民或者其他土地经营权人对承包土地进行长期规划和投入的积极性。二是能够保证土地承包各项权利的确定性，为土地承包经营权的确权登记、土地经营权的流转和融资担保等提供保障。三是可以解决进城务工农民关于承包土地调整的后顾之忧，使其可以安心在城镇务工、创业。为此，第一轮土地承包和第二轮土地承包到期之前，党中央均明确提出土地承包期延长三十年的要求，2002 年通过的农村土地承包法和 2018 年通过的农村土地承包法修正案均按照党中央的明确要求对土地承包期限进行了规定。

1993 年，在第一轮土地承包到期之前，中共中央、国务院发布的《关于当前农业和农村经济发展的若干政策措施》指出，为了稳定土地承包关系，鼓励农民增加投入，提高土地的生产率，在原定的耕地承包期到期之后，再延长三十年不变。开垦荒地、营造林地、治沙改土等从事开发性生产的，承包期可以更长。1997 年中共中央办公厅、国务院办公厅发布的《关于进一步稳定和完善农村土地承包关系的通知》再次指出，在第一轮土地承包到期后，土地承包期再延长三十年，指的是家庭土地承包经营的期限，集体土地实行家庭联产承包制度，是一项长期不变的政策。通知还明确要求，已经做了延长土地承包期工作的地方，承包期限不足三十年的，要延长到三十年。根据党中央的明确意见，2002 年通过的农村土地承包法对承包期限作了相应规定。

2017 年，党的十九大报告提出“保持土地承包关系稳定并长久不变，第二轮土地承包到期后再延长三十年”的明确要求，为本轮土地承包到期后的政策指明了方向。因此，农村土地承包法修正案草案对第二轮承包期届满后的新一轮承包期限作出了明确规定：“前款规定的耕地承包期届满后再延长三十年”。由于草地、林地的承包期普遍比耕地要长，此次修法时离本轮承包到期还有几十年的时间，党的十九大报告中提到的延长三十年承包期也只是针对耕地的要求，因此，修正案草案一审稿中没有规定草地和林地的下一轮承包期。在全国人大常委会审议和征求意见过程中，有的常委委员和一些地方、部门、社会公众提出，现行农村土地承包法对耕地、林地、草地的承包期都作了规定，建议法律对林地、草地承包期届满后延期的问题也作出规定。因此，最终通过的修改决定中增加了一句衔接性的规定：“草地、林地承包期届满后依照前款规定相应延长。”

农村土地承包法对耕地、草地和林地规定了不同的承包期限。即耕地的承包期为三十年，草地的承包期为三十年至五十年，林地的承包期为三十年至七十年。这是根据不同土地的种植特性和投入收益差别决定的。一般而言，耕地上的作物生长期短，投资收益见效相对较快，多数情况下当年投入即可获得收益。草地上的植物虽然生长期短，但是投资相对较大，投资的期限相对较长，投资收益见效相对较慢，但投资的收益期一般能持续多年。林木的生长期更长，投资收益见效更慢，通常需要数年至十多年才能取得投资收益，有些林木生长期长达数十年，在幼树成长阶段基本只有投入，没有收益，因此，必须规定一个更长的承包期限，才能充分调动承包方植树造林的积极性，保障承包方和经营者的合法权益。值得注意的是，此次修法，删除了原法中的“特殊林木的林地承包期，经国务院林业行政主管部门批准可以延长”的规定，这是因为，农村土地承包法颁布实施十几年后，特殊林木的承包工作已经基本完成，各地已经很少提出特殊林木林地承包期延长的申请，该规定作为一个行政审批事项存在的意义已经不大，本着“简政放权”的精神，此次修法删除了相关内容。

## 二、农村土地承包合同

### （一）发包方应当与承包方签订书面承包合同

农村土地承包法第二十二条第一款规定：“发包方应当与承包方签订书面承包合同。”该规定包含两项要求：

一是发包方应当与承包方签订承包合同，不可以不签合同而确定承包关系。二是承包合同必须以书面的形式进行，不可以通过口头或者其他方式。具体来讲，承包合同是明确发包方、承包方权利义务关系的具有法律效力的文书，是承包方依法承包集体所有土地的合法凭证，也是解决今后可能发生的承包纠纷的重要依据。因此，签订承包合同，加强承包合同的管理，是稳定和完善农村土地承包关系的重要内容。承包合同主要有三个作用：一是承包方通过签订承包合同依法取得承包地的土地承包经营权。不与发包方签订合同，承包方就不能依法取得土地承包经营权。二是通过签订合同，可以确定双方当事人的权利和义务，便于当事人依照合同约定行使权利，履行义务，并可以相互监督。三是承包合同是解决承包纠纷的基本依据。农村土地家庭承包的期限有几十年，承包期内可能发生各种情况和变化，承包合同的内容又比较复杂，如果采取口头合同等形式，一旦将来出现纠纷，双方口说无凭，难以收集证据和厘清当事人的责任。此外，发包方按照承包方案将土地发包到户后，应当与承包方签订书面承包合同，这也是发包方的一项责任和义务。家庭承包合同体现的是农村集体经济组织与其成员之间的经济关系，与一般的经济合同不完全相同，发包方与承包方相比，处于优势地位，因此法律规定发包方应当与承包方签订承包合同，不能拒绝签订合同。另外，承包方也不能无故拒绝与发包方签订承包合同。

**（二）承包合同的主要内容**

农村土地承包法第二十二条第二款规定："承包合同一般包括以下条款：（一）发包方、承包方的名称，发包方负责人和承包方代表的姓名、住所；（二）承包土地的名称、坐落、面积、质量等级；（三）承包期限和起止日期；（四）承包土地的用途；（五）发包方和承包方的权利和义务；（六）违约责任。"

根据农村土地承包法规定，承包合同应当包括下述内容：

1. 双方当事人的名称和住所。主要包括：（1）发包方的名称、发包方负责人的姓名（通常是集体经济组织负责人或者村民委员会主任）和住所；（2）承包方的名称、承包方代表的姓名（通常是承包户的户主）和住所。在签订书面合同时，发包方应当在承包合同上盖章，并由负责人签字；承包方代表应当在承包合同上签字、盖章或画押（摁手印）。需要说明的是，2017 年 10 月开始施行的民法总则明确将农村集体经济组织列为特殊法人，民法总则第九十九条第一款规定，农村集体经济组织依法取得法人资格。因此，取得法人资格的农村集体经济组织作为发包方时，其列入承包合同的名称要与法人登记时的名称相一致。

2. 承包地的基本情况。主要包括：（1）承包土地的名称；（2）承包土地的坐落。应当写清土地的方位和地块，还应当尽可能标明土地的四至或者界线标志；（3）承包土地的面积；（4）承包土地的质量等级。可以是按照有关机构测定的详细质量分类，也可以是大体上的等级分类（如好、中、差）；（5）一个承包户的承包地分为数块的，应当分别写明。

3. 承包期限和起止日期。即承包地的承包期期限，如三十年或者五十年，并且要具体写明从何年何月何日起，到何年何月何日止。

4. 承包土地的用途。家庭承包的承包地必须用于从事农业生产，未经批准，不得用于非农建设。按照国家有关规定和双方的意愿，承包合同中应当具体写明承包地用于从事种植业、畜牧业、林业、渔业等用途，以便发包方进行监督。

5. 发包方和承包方的权利和义务。农村土地承包法第十四条、第十五条和第十七条、第十八条分别规定了发包方、承包方的权利和义务，这些都是法律直接赋予双方当事人的法定权利和义务。不管农村土地承包法实施前二轮承包时双方当事人签订的承包合同是否包含这些内容，农村土地承包法实施后，发包方、承包方都将依法享有这些权利，承担这些义务。任何组织和个人不得剥夺双方当事人的权利，除依法律、行政法规的规定外，也不得增加双方当事人的义务。在二轮承包到期后，新一轮承包开始时，有关部门应当做好有关指导工作，以提供格式合同样本等方式，引导发包方和承包方签订新一轮承包合同，明确双方的权利和义务。

6. 违约责任。即双方当事人出现违反承包合同约定的情形时应当承担的责任。根据合同法第一百零七条的规定，当事人一方不履行合同义务或者履行义务不符合合同约定的，即构成违约行为，应当承担违约责任。具体的责任方式包括继续履行、采取补救措施、赔偿损失、支付违约金等。同时，发包方违反合同约定的行为，也可能构成侵害承包方土地承包经营权的侵权行为，应当按照农村土地承包法第五十七条的规定承担侵权责任。此外，双方当事人产生承包合同纠纷的，可以按照农村土地承包法第五十五条以及农村土地承包经营纠纷调解仲裁法的有关规定解决。

**（三）承包合同的生效日期和土地承包经营权取得时间**

农村土地承包法第二十三条规定："承包合同自成立之日起生效。承包方自承包合同生效时取得土地承包经营权。"

1. 关于合同的生效时间，不同国家的法律有着不同的规定，合同的成立时间与生效时间可能一致，也可能不一致。我国合同法采取了合同的成立时间与生效时间一致的原则，合同法第四十四条第一款规定，依法成立的合同，自成立时生效。同时，合同法也规定了三项例外：一是法律、行政法规规定应当办理批准、登记等手续生效的，合同自依法批准、登记时生效。通常情况下，这些合同不仅关系双方当事人的利益，而且事关社会公共利益、社会经济秩序，由政府有关部门予以批准、登记，进行公示，避免合同成立时立即生效损害社会公共利益和交易安全的情况发生。二是当事人对合同的效力可以约定条件，附生效条件的合同，自条件成就时生效。三是当事人对合同的效力可以约定期限，附生效期限的合同，自期限届至时生效。家庭承包的承包合同，是发包方按照规定的程序，统一将农村土地承包给本集体经济组织成员后，由发包方与承包方签订的确定双方权利义务的合同。合同的一方当事人是集体经济组织，另一方当事人是该组织成员，承包方居于相对劣势地位。因此，为保护承包方的权益，家庭承包合同的生效不应附加条件或者期限，法律、行政法规也没有规定承包合同必须经过批准。实践中，双方当事人均不得要求对承包合同的生效附上条件或期限，附有条件或期限的，所附条件、期限无效，合同仍然自成立之日起生效。

2. 承包方取得土地承包经营权的时间。按照物权法的规定，农村土地承包经营权属于用益物权。法律对于取得物权的时间有不同规定，一般来说，不动产物权需要依法进行批准或者登记后，才能由权利人取得。例如，国有土地使用权出让的，在签订土地使用权出让合同，并且支付全部土地使用权出让金之后，还必须经依法登记，领取土地使用权证，才能取得出让土地使用权。未登记的，不能取得出让土地使用权。但物权法也明确规定了例外条款，即“但法律另有规定的除外”。农村土地承包经营权的取得就属于例外情况。农村土地承包法规定，承包方自承包合同生效时取得土地承包经营权。物权法也规定，土地承包经营权自土地承包经营权合同生效时设立。之所以作出上述规定，也是为了减轻批准和登记给农民带来的不便，保护广大农民的合法权益。农村土地承包法实施十多年来的实践也证明，这一规定不会削弱农村土地承包经营权的效力，而且切实减轻了农民的负担，是符合我国广大农村地区实际情况的。与此同时，国家实行耕地、林地和草地统一登记制度，由登记机构对农村土地进行确权颁证，登记造册，进一步确认土地承包经营权，提高了土地承包经营权的法律效力。

## 三、农村土地统一登记及土地承包经营权证书

### （一）农村土地统一登记制度

农村土地承包法第二十四条第一款规定：“国家对耕地、林地和草地等实行统一登记，登记机构应当向承包方

颁发土地承包经营权证或者林权证等证书，并登记造册，确认土地承包经营权。”

根据物权法等有关法律的规定，我国对不动产实行统一登记制度，由不动产所在地的登记机构办理。2014 年出台的《不动产登记暂行条例》也明确将耕地、林地、草地等土地承包经营权纳入不动产统一登记的范围。国家对耕地、林地和草地实行统一登记制度，是在农村土地承包经营权确权登记颁证工作的基础上发展而来的。农村土地承包经营权确权登记颁证，是完善农村基本经营制度、保护农民土地权益、促进现代农业发展、健全农村治理体系的重要基础性工作。开展这项工作，一是健全社会主义市场经济体制的必然要求。归属清晰、保护严格、流转顺畅的产权制度是社会主义市场经济体制的基础。开展土地承包经营权确权登记颁证，强化物权登记管理，有利于依法确认农民对承包土地的占有、使用、收益权利，明晰土地承包经营权归属，为健全农村市场经济体制提供强有力的物权保障。二是巩固农村基本经营制度的客观需要。巩固农村基本经营制度，核心是保持现有土地承包关系稳定并长久不变，关键是赋予农民更加充分而有保障的土地承包经营权，开展农村土地承包经营权登记，将为巩固农村基本经营制度提供强有力的制度保障。三是维护农民土地承包合法权益的根本要求。承包地是农民最基本的生产资料和最可靠的生活保障，土地承包经营权是农民最重要的财产性权利之一。土地承包经营权确权登记颁证是明确权利归属、定分止争的根本措施，登记文件和证书是调处土地承包经营纠纷，维护农民土地承包合法权益的关键证据。四是完善农村社会管理，妥善解决历史遗留问题的需要。现有土地承包关系是在第一轮土地承包的基础上延包形成的，经过多年发展，一些地方对承包地进行了调整，一些地方的承包情形因为征收、征用和占用等事由发生了变化，还有一些地方原本就存在承包地块面积不准、四至不清等问题，以前确认的土地承包状况与实际土地承包情况存在一定误差，迫切需要通过土地承包经营权登记把农民承包土地的各项权利落实到户，妥善解决实践中的农村土地承包问题。五是促进土地经营权流转、发展适度规模经营的需要。建立健全土地承包经营权登记制度，健全登记簿，颁发权属证书，强化土地承包经营权物权保护，为承包方依法采取出租（转包）、入股或者其他方式向他人流转土地经营权，或者用土地经营权向金融机构融资担保，以及受让方依法再流转土地经营权、向金融机构融资担保提供了重要依据，可以提高土地经营权流转的效率，有利于发展和促进适度规模经营，是一项重要的基础性工作。在此基础上，各地建立健全土地承包经营权信息应用平台，也可以方便群众查询，利于服务管理，促进土地承包经营权流转的公开、公正、公平。

2002 年通过的农村土地承包法明确要求县级以上地方人民政府应当向承包方颁发土地承包经营权证或者林权证等证书，并登记造册，确认土地承包经营权。随后，各地逐步开始探索开展农村土地承包经营权确权登记颁证工作。2011 年，农业部下发了《关于开展农村土地承包经营权登记试点工作的意见》，正式开始全国范围内的试点工作。2015 年，农业部、中央农办、财政部、国土部、国务院法制办、国家档案局下发《关于认真做好农村土地承包经营权确权登记颁证工作的意见》，进一步安排部署全国范围内的土地承包经营权确权登记颁证工作。截至 2018 年，全国范围内的农村土地承包经营权确权登记颁证工作已经基本完成。

此次修法，将原法规定的由县级以上地方人民政府开展土地承包经营权确权登记颁证制度，修改为由专门的登记机构开展耕地、林地和草地统一登记制度，这是根据我国不动产登记制度改革的有关要求进行的相应调整。2013 年，国务院开始推行不动产统一登记制度，由国土资源部负责指导监督全国土地、房屋、草原、林地、海域等不动产统一登记职责，基本做到登记机构、登记簿册、登记依据和信息平台四统一。2014 年出台的《不动产登记暂行条例》也明确将耕地、林地、草地等土地承包经营权纳入不动产统一登记的范围。由于当时的农村土地承包经营权确权登记颁证工作尚未完成，因此，不动产登记暂行条例明确规定，不动产统一登记过渡期内，农村土地承包经营权的登记按照国家有关规定执行。等待具体的工作过渡完成后，农村土地承包经营权确权登记颁证工作将全部归入统一的不动产登记制度中去。

**（二）家庭成员土地承包经营权的保护**

农村土地承包法第二十四条第二款规定："土地承包经营权证或者林权证等证书应当将具有土地承包经营权的全部家庭成员列入。"

我国的农村土地采取的是按户承包的方式，家庭承包的承包方是本集体经济组织的农户。虽然农村土地承包合同由户主代表承包方签字，但这并不代表户主就可以一人说了算，农户内的家庭成员依法平等享有承包土地的各项权益。虽然农村土地承包法、妇女权益保障法等多部法律法规都对保护农户家庭成员特别是妇女成员的土地承包权益作了规定，但家庭内部成员之间的财产关系比较复杂，一些农村在当地多年的风俗习惯和传统观念的影响下，对有关法律法规不予执行，甚至制定与法律法规相抵触的、侵害妇女土地承包权益的村规民约。实践中，剥夺和侵害农户家庭成员特别是外嫁、离婚、丧偶妇女以及入赘男土地承包权益的事情时有发生。与此同时，一些地方在保护农户家庭成员特别是妇女成员土地承包权益方面也进行了有益探索，结合土地承包经营权确权登记颁证工作的开展，四川成都等地试行了在土地承包经营权证书上将全部家庭成员列入的办法。2015 年，农业部、中央农办等六个部门发布的《关于认真做好农村土地承包经营权确权登记颁证工作的意见》要求，承包经营权证书载明的户主或共有人，要体现男女平等的原则，切实保护妇女土地承包权益。2017 年《农业部关于加快推进农村承包地确权登记颁证工作的通知》要求，保护好妇女土地承包权益，真正做到登记簿和证书上有其名。一些地方的实践证明，在农村土地承包经营权证书上列入全部家庭成员的姓名，有利于进一步明确家庭成员个人的土地承包权益，做到“证上有名、名下有权”，也使得家庭成员个人在土地承包权益受到侵害，寻求救济（如申请土地承包经营纠纷调解和仲裁，以及提起有关诉讼等），有一个具有法律效力的强有力的证据。此次修法，借鉴了一些地方开展土地承包经营权确权登记的有益探索，增加了相应的规定。

需要说明的是，在农村土地承包法修正案起草和征求意见的过程中，有的意见提出，应当在法律中明确规定“土地承包经营权证书、林权证书应当将全部家庭成员作为共有人列入”，明确家庭成员之间的财产权共有关系。也有意见认为，“共有”作为一个法律概念有特定的含义，家庭成员内部的财产关系比较复杂，农村家庭承包的土地集体所有、按户承包，家庭成员之间财产关系的处理，应留待民法典婚姻家庭编的立法进一步研究规范，不宜在农村土地承包法中先使用“共有”概念。为此，此次修法没有采用“共有人”的提法。

### （三）登记费用

农村土地承包法第二十四条第三款规定：“登记机构除按规定收取证书工本费外，不得收取其他费用。”

农村土地依法进行登记，登记机构向承包方颁发土地承包经营权证、林权证等证书，只能向领取证书的承包方收取工本费，不得以任何形式或者任何名义收取其他任何费用。收取土地承包经营权证、林权证等证书工本费的具体标准，应当由国务院有关主管部门或者省级人民政府农业、财政、物价等有关部门制定，承担发证工作的机构不得自行确定、随意收取。对于一些特别贫困的特定人群，地方政府可以采取措施予以补贴，实行减免。土地承包经营权证、林权证等证书工本费属于行政性收费，应当依法向社会公示。有关部门收费时应当向承包户交付行政事业性收费票据，所得收入应当上缴财政。

## 四、发包方不得随意变更或者解除承包合同

农村土地承包法第二十五条规定：“承包合同生效后，

发包方不得因承办人或者负责人的变动而变更或者解除，也不得因集体经济组织的分立或者合并而变更或者解除。”

有关中央文件明确提出，稳定土地承包关系，是党的农村政策的核心内容。土地承包关系是否稳定，直接关系到广大农民的生产积极性，关系到农村经济的发展和农村社会的稳定。维护承包合同的严肃性和稳定性，是稳定承包关系的必然要求。依法签订的家庭承包合同是联结国家、集体、个人三者利益关系的纽带，也是落实家庭承包经营制度的具体体现，承包合同一经签订立即生效，具有法律效力，受到国家法律的保护，具有合法性和严肃性，双方当事人在享受合同权利的同时，都应当认真履行各自的义务，任何一方均不得随意变更、解除。

实际工作中，少数地方还存在“干部换、合同变”的现象。具体表现为：一是有的地方因换届选举，产生了新一届村民委员会，新的村民委员会认为“新官不认旧账”，以合同签订程序不规范等理由，不承认原有的承包合同，提出由新的村民委员会重新发包。二是有的地方因集体经济组织或村民委员会产生新的负责人或具体承办承包工作的人员工作发生变动，新上任的负责人以原承包合同不合理、有些承包户的人口发生变化等理由，否定原承包合同，单方面变更或者解除承包合同。三是有的地方因集体经济组织分立（例如，原集体经济组织分为数个集体经济组织）或者合并（数个集体经济组织合并为一个集体经济组织），新的集体经济组织负责人借机变更或者解除承包合同。这些做法，不仅给承包方造成了损失，给个别农村干部谋取私利提供了可乘之机，更重要的是侵犯了农民的土地承包经营权，影响了农村土地承包关系的稳定，不利于党在农村的基本政策的顺利贯彻实施，是一种非常错误的行为。为了防止这些情况的发生，农村土地承包法第二十五条作出了明确规定，同时在法律责任一章也规定了相应的法律责任。发包方违反本条规定擅自变更、解除承包合同的，必须依法承担相应的法律责任。

## 五、不得干涉农村土地承包

农村土地承包法第二十六条规定："国家机关及其工作人员不得利用职权干涉农村土地承包或者变更、解除承包合同。"

在农村土地承包工作中，各级人民政府及其有关部门应当根据法律法规和有关中央文件要求，结合各地的实际情况，制定农村土地承包的具体政策，指导本地区的农村土地承包工作，为广大农村干部群众提供有关公共服务，以及监督检查各项承包工作的落实。各级人民政府及其工作人员不得利用职权干涉农村土地承包工作，损害农民的生产经营自主权和土地承包权益。同样，承包合同依法成立和生效后，国家机关及其工作人员不得利用职权变更或者解除承包合同。实际工作中，少数地方脱离实际追求政绩、搞形象工程，违规建设千亩甚至万亩示范田，强制要求变更甚至解除农民的承包合同；有的假借推行农业产业化、规模经营等，强行解除承包合同，收回农民的承包地，交给外来工商资本经营；有的随意截留、挤占、挪用应当支付给农民和农村集体经济组织的土地征占用补偿费用，要求农村集体经济组织调整承包地，变更承包合同，这些做法都是错误的，必须坚决杜绝这些违法行为。国家机关及其工作人员滥用职权干涉农村土地承包，或者非法变更、解除承包合同的，应当依法承担农村土地承包法规定的法律责任。除农村土地承包法外，公务员法明确规定，公务员应当遵纪守法，不得滥用职权，侵害公民、法人或者其他组织的合法权益。国家机关及其工作人员滥用职权构成犯罪的，要依照刑法关于渎职罪的有关规定，依法追究刑事责任。

## 第四节　土地承包经营权的保护和互换、转让

我国的改革开放始于农村，农村改革则始于农村的土地制度。农村土地制度改革建立了以家庭承包经营为基

础，统分结合的双层经营体制。2002 年，第九届全国人大常委会第二十九次会议通过农村土地承包法，将农村土地制度的改革成果以法律的形式确定下来。近年来，按照中央关于“新形势下深化农村改革的主线，依然是处理好农民与土地的关系”的要求，农村土地制度改革进一步深化。如何将党中央的改革决策和新形势下农村土地制度改革的成果转化为法律规范，如何更好地保护土地承包经营当事人特别是强化对农民（承包方）合法权益的保护，是新修改的农村土地承包法的重要内容。

## 一、土地承包经营权的保护

### （一）承包期内发包方不得收回承包地的原则

赋予农民长期而有保障的土地使用权，保持农村土地承包关系的长期稳定，是制定农村土地承包法的一个重要指导思想。如何防止发包方随意收回、调整承包地，保持农村土地承包关系稳定，是农村土地承包法的重要条款。

因此，农村土地承包法第二十七条第一款规定：“承包期内，发包方不得收回承包地。”确立了发包方在承包期内不得随意收回承包地的原则。按照该条规定，除法律规定的情形以外，在承包期内，无论承包方家庭内部发生什么样的变化，只要作为承包方的家庭还存在，发包方不得以任何理由收回承包方的承包地。比如，承包方家庭中的一人或者部分人口死亡的；因升学、参军或者就业在城市落户的；承包方在农村从事各种非农产业的；承包方进城务工，等等。只要作为承包方的农户家庭没有消亡，发包方都不得收回其承包地。

**（二）对进城落户农民土地承包经营权的保护**

随着我国经济社会快速发展，大量农村富余劳动力转移到城镇就业、落户，各类合作社、家庭农场等新型农业经营主体涌现，大量工商企业等社会资本流向农村，土地流转规模不断扩大。在这个过程中，既要维护好进城落户农民的土地承包权益，又要保障土地资源充分利用，既不能强制收回进城农户的承包地，也不能造成大量耕地闲置和撂荒。引导农民进城落户要遵守法律法规和国家政策，充分考虑农民的当前利益和长远生计，不能脱离实际，更不能搞强迫命令。

为更好地“保持土地承包关系稳定并长久不变”，实现习近平总书记提出的“尊重农民意愿和维护农民权益，把选择权交给农民”的要求，保护好农民的土地承包经营权，新修改的农村土地承包法强化了对进城落户农民土地承包经营权的保护。农村土地承包法第二十七条第二款规定：“国家保护进城农户的土地承包经营权。不得以退出土地承包经营权作为农户进城落户的条件。”也就是说，农民进城落户，不需要以是否退出承包的土地作为前置条件，不应当要求农户以土地换身份或者以土地换社保。

农民进城落户后，其土地承包经营权怎么处理。新修改的农村土地承包法删除了原法中关于承包方全家迁入设区的市，转为非农业户口的，应当将承包的耕地和草地交回发包方的内容，明确了进城落户农民承包地的退出机制。农村土地承包法第二十七条第三款规定："承包期内，承包农户进城落户的，引导支持其按照自愿有偿原则依法在本集体经济组织内转让土地承包经营权或者将承包地交回发包方，也可以鼓励其流转土地经营权。"也就是说，在承包期内进城落户的承包农户，可以依法自主选择承包地的处理方式，可以在本集体经济组织内转让土地承包经营权，可以将承包地交回发包方，也可以流转土地经营权。法律之所以这样规定，主要是考虑到：第一，不再强制收回进城落户农户的承包地，目的在于保护其土地承包经营权，但是考虑到其进城后可能因无力耕种或经营承包地，造成耕地资源闲置甚至撂荒，又允许其在承包期内自主选择承包地的处理方式，并获得相应收益，这也是保护其土地承包经营权的具体体现；第二，考虑到本集体经济组织内部还有一部分新增人口无地可种，采取引导和支持的方式，允许进城落户农户在本集体经济组织内自愿有偿转让土地承包经营权，或者将承包地交回发包方，由发包方重新发包，可以缓解本集体经济组织内部的人地矛盾；

第三，鼓励其流转土地经营权，将土地交给他人经营，可以满足当前各类新型经营主体发展现代农业的需要，实现土地适度规模经营。

需要注意的几个问题：一是本款规范的主体是全家进城落户的承包农户。部分家庭成员进城落户的，或者全家进城但没有在城市落户的，都不在本款规范的范围之内。二是本款规范的是在承包期内进城落户农户退出承包地的情形。如承包到期后，原承包农户按照法律规定已经不是该集体经济组织成员，则不再有承包土地的权利。三是进城农户采取哪种方式退出承包地，要尊重农户的选择，发包方和其他任何单位和个人都不得干涉。四是对既不自己经营，又不退出、流转承包地，造成承包地长期撂荒的，要明确约束机制和惩罚措施，杜绝耕地资源的浪费。

**（三）对承包方在承包地上投入的保护**

承包方承包土地以后，会采取各种方式，提高土地的生产能力。原来地力较差的，可以通过换土、施肥等提高地力；原来盐碱度较高的土地或者荒漠化的土地，可以通过治理，使其成为较肥沃的土地；原来灌溉条件较差的，可以通过打井、修渠进行改善。这些改善，需要承包方在土地上投入一定的人力、财力、物力。正常情况下，承包方为提高地力进行的投入，是以承包期内的土地回报为预期的，一旦出现承包期内交回承包地或者发包方依法收回承包地的情形，承包方会有较大损失。

为了避免因承包方交回承包地或者发包方依法收回承包地，对承包方已向承包地进行的投入造成损失，农村土地承包法第二十七条第四款规定：“承包期内，承包方交回承包地或者发包方依法收回承包地时，承包方对其在承包地上投入而提高土地生产能力的，有权获得相应的补偿。”出现上述情形，承包方有获得相应补偿的权利，承包方可以要求补偿，也可以放弃补偿。法律中没有规定补偿的方式和标准，在实践中由承包方和发包方协商进行。要强调的是，这里的补偿，仅针对承包方为提高土地生产能力而进行的投入，而不包括其他投入。

## 二、承包期内承包地的个别调整

### （一）承包期内发包方不得调整承包地的原则

家庭承包经营制度建立之初，极大地调动了农民的生产积极性，农业生产快速发展。但是，也存在个别地方频繁调整承包地的现象，有的村甚至把已承包到户的土地全部打乱重新发包，带来不少问题。一是影响农民对农村土地承包经营制度的信心。反复调整使这些地方的部分农民群众对中央土地承包政策的贯彻落实信心不足，心存疑虑。二是影响农民在土地上投入的积极性。农民的投入，特别是农田水利设施等投入，具有一次投入多年收益的特性，承包关系不稳定，承包方就不敢或者不愿对土地进行长期投资，产生短期行为，掠夺式经营，土壤肥力下降。三是经常调整，追求绝对公平，每一种每一类土地都平均分配给每个农民，造成承包地块破碎化、细碎化，不利于推广使用先进农业技术和农业机械。四是有个别基层干部在调整过程中借机谋取私利，造成新的不公平，引发新的矛盾。针对这些问题，中央多次发文强调要稳定土地承包关系。

在起草和修改农村土地承包法时，充分考虑到了这一情况。农村土地承包法第二十八条第一款规定："承包期内，发包方不得调整承包地。"这是关于承包期内是否调整承包土地的基本原则，绝不能动摇。在法律中明确规定发包方在承包期内不得随意调整承包地，有利于维护土地承包关系和承包地块的长期稳定，给农民吃了一颗定心丸。在这个大原则之下，本条第二款规定，在自然灾害等特殊情况下，经过批准，可以对承包地进行个别调整，并且规定了调整承包地的程序，除此以外，发包方不得以任何理由调整承包地。上述规定，可以最大限度地规范和限制发包方在承包期内调整承包地的行为，减少因发包方违法频繁调整承包地造成的问题。

**（二）承包期内承包地的个别调整**

原则上，在承包期内，发包方不得调整承包地。但是，原农村土地承包法起草时，我国农村社会保障制度还不完善，土地不仅是农民最重要的生产资料，也是他们最重要的生活来源，是安身立命之本。耕地承包期为三十年，草地的承包期为三十年至五十年，这么长的时间内，农村人口和耕地数量都会发生很大的变化，完全不允许调整承包地，如果出现个别农户因自然灾害严重毁损承包地、承包地被依法征收征用、人口增减导致人地矛盾突出等特殊情形，可能会使这部分农民失去土地或者长期没有土地。

中央关于承包期内承包地调整的政策既强调稳定，又强调解决突出矛盾。1993 年 11 月，中共中央、国务院《关于当前农业和农村经济发展的若干政策措施》明确提出，“提倡在承包期内实行‘增人不增地、减人不减地’的办法”，即承包期内不再根据人口变化调整土地。但是，这里仅仅是提倡，并没有明确规定承包期内不能调整土地。1997 年 8 月，中共中央、国务院发布《关于进一步稳定和完善农村土地承包关系的通知》，重申要稳定土地承包关系，强调承包土地“大稳定，小调整”的前提是稳定，小调整只限于人地矛盾突出的个别农户。同时，文件还明确做好“小调整”工作应坚持的几条原则：一是“小调整”只限于人地矛盾突出的个别农户，不能对所有农户进行普遍调整；二是不得利用“小调整”提高承包费，增加农民负担；三是“小调整”的方案要经村民大会或村民代表大会三分之二以上成员同意，并报乡（镇）人民政府和县（市、区）人民政府主管部门审批；四是绝不能用行政命令的办法硬性规定在全村范围内几年重新调整一次承包地。

2003 年实施的农村土地承包法规定了在承包期内可以调整承包地的特殊情况和调地程序。虽然近年来我国农村社会保障制度逐步完善，承包地的社会保障功能在逐步弱化，但是其最重要的生产资料功能和最可靠的生活来源功能并没有减弱。这次修法调研的时候，有不少地方反映，二轮土地承包时的延包政策是“大稳定，小调整”，在承包期内实行“增人不增地，减人不减地”的办法，农村土地承包法实施后严格执行关于除特殊情形不得调整承包地的规定。人口的增减变化和土地的不可移动造成“人多地少”与“人少地多”并存，除少数地方在承包期内通过适当小调整化解矛盾外，大部分地区集体经济组织成员享有的土地承包权利日益不均，矛盾加剧。从实践来看，“大稳定，小调整”是化解人地矛盾的有效方式。所以，新修改的农村土地承包法保留了原法中特殊情形可以按照法律规定的程序个别调整承包地的规定。农村土地承包法第二十八条第二款规定：“承包期内，因自然灾害严重毁损承包地等特殊情形对个别农户之间承包的耕地和草地需要适当调整的，必须经本集体经济组织成员的村民会议三分之二以上成员或者三分之二以上村民代表的同意，并报乡（镇）人民政府和县级人民政府农业农村、林业和草原等主管部门批准。承包合同中约定不得调整的，按照其约定。”

正确理解和执行这一规定，需要特别注意下面几个问题：

1. 承包期内可以个别调整承包地的特殊情形

只有出现自然灾害严重损毁承包地等特殊情况，才允许按照规定进行个别调整。至于什么是特殊情况，必须严格依法作出解释，发包方不得随意自行解释。在九届全国人大常委会第二十八次会议上，全国人大法律委员会汇报农村土地承包法（草案）修改情况时，对于个别调整的情况提出，“实践中除自然灾害以外，还有承包地被依法征用占用、人口增减导致人地矛盾突出，适当调整个别农户之间承包地的情形”。具体来讲就是：个别或者部分农户因自然灾害严重毁损承包地的；个别或者部分农户的土地因公共利益被国家依法征收或者征用，丧失土地后要求继续承包土地的；因出生、婚嫁、户口迁移等原因导致人口变化比较大，人地矛盾突出的。在上述情况下，允许在个别农户之间适当进行调整。

按照法律规定，并不是发生因自然灾害严重毁损承包地等特殊情形，发包方就必须对个别农户之间承包的耕地和草地进行调整。如需要调整土地时，只有集体经济组织依法预留了机动地，或者有通过依法开垦等方式增加的土地，或者有承包方依法、自愿交回的土地，才有条件对个别农户之间承包的耕地和草地进行适当调整。

此外，本款规定："承包合同中约定不得调整的，按照其约定"。也就是说，如果发包方和承包方在签订承包合同时，承包合同中约定不得调整的，那么即使发生了上述特殊情形，也不得调整。这样规定既符合签订合同双方的意愿，也有利于维护承包关系的长期稳定。当然，如果发包方和承包方尤其是承包方自愿协商变更承包合同的，可以按照变更后的承包合同办理。

2. 承包期内个别调整承包地的范围

法律允许的调整只限在个别农户之间进行，发包方不得随意扩大调整范围，更不能在本集体经济组织范围内打乱原承包地进行重新发包。允许进行个别调整的承包地只限于耕地和草地，不包括林地。这是因为林地的承包经营与耕地、草地相比有其特殊性。林业生产经营周期和承包期比较长，投入大，收益慢，风险大，林地的承包经营更强调稳定性，稳定的林地承包经营权，有利于调动承包方积极性，增加投入，防止乱砍滥伐，提高经济效益和生态效益。

3. 承包期内个别调整承包地的程序

进行个别调整必须遵循法律规定的程序。一是必须经本集体经济组织成员的村民会议三分之二以上成员或者三分之二以上村民代表的同意。按照村民委员会组织法规定，村民会议由本村十八岁以上的村民组成。关于“本集体经济组织成员的村民会议”，是指由本集体经济组织成员组成的村民会议。本集体经济组织指的是土地所有者和发包主体。根据农村土地承包法第十三条的规定，土地所有者和发包方可以是村集体经济组织和村民委员会，也可以是村内各集体经济组织或者村民小组。如果土地是由村集体经济组织或者村民委员会发包的，这里的“村民会议”应当指村集体范围内的村民会议，即由村集体经济组织成员组成的村民会议；如果土地是由村内各集体经济组织或者村民小组发包的，这里的“村民会议”应当指村民小组范围内的村民会议，即由村民小组成员组成的村民会议。关于“村民代表”，按照村民委员会组织法规定，人数较多或者居住分散的村，可以设立村民代表会议，讨论决定村民会议授权的事项。“村民代表”由村民按每五户或者十五户推选一人，或者由各村民小组推选若干人。本款规定的村民会议三分之二以上成员，应当指组成村民会议的全体成员的三分之二以上成员；三分之二以上村民代表，应当指发包主体范围内全体村民代表的三分之二以上代表。二是报乡（镇）人民政府和县级人民政府农业农村、林业和草原等主管部门批准。就是说，在承包期内个别调整承包地，既要经所在乡（镇）人民政府批准，又要经所在的县级人民政府农业农村或者林业和草原主管部门批准，否则调整无效。按照法律规定，允许进行个别调整的承包地只限于耕地和草地。涉及耕地调整的，应当报县级人民政府农业农村主管部门批准，涉及草地调整的，应当报县级人民政府林业和草原主管部门批准。

**（三）应当用于调整或者承包给新增人口的土地**

在承包期内，除了因特殊情形可以在个别农户之间调整承包的耕地和草地之外，农村土地承包法还对应当用于调整承包土地或者承包给新增人口的土地作了规定。农村土地承包法第二十九条规定："下列土地应当用于调整承包土地或者承包给新增人口：（一）集体经济组织依法预留的机动地；（二）通过依法开垦等方式增加的；（三）发包方依法收回和承包方依法、自愿交回的。"就是说，一旦出现这些类型的土地，发包方只能用来调整承包土地或者承包给新增人口，不得随意将这些土地以招标、拍卖、公开协商等方式承包出去。这样规定，主要是考虑到在当前我国部分地区农村人多地少的情况下，充分利用集体预留的机动地、经开垦等增加的土地和承包方交回的土地等既有土地资源，用于调整承包土地或者承包给新增人口，解决一些农民无地可种的问题，可以避免在农户之间调整承包地，保持已有承包关系的长期稳定，符合广大农民的根本利益。

1. 集体经济组织依法预留的机动地

预留机动地是一些地方在实施第一轮土地承包过程中，为解决人地矛盾、减少调整承包地次数，或者为解决集体经济组织开支问题，保留一些土地不实行家庭承包，而由集体经济组织统一组织经营或者实行招标承包经营的土地。

农村土地承包法第六十七条规定："本法实施前已经预留机动地的，机动地面积不得超过本集体经济组织耕地总面积的百分之五。不足百分之五的，不得再增加机动地。本法实施前未留机动地的，本法实施后不得再留机动地。"按照上述规定，除农村土地承包法实施前已经预留的机动地外，农村土地承包法禁止再预留机动地。因此，集体经济组织依法预留的机动地，是指符合农村土地承包法第六十七条规定预留的机动地。

2. 通过依法开垦等方式增加的土地

在符合开垦条件的地方，可以根据情况依法开垦新的土地，用于调整承包关系或者解决人地矛盾。开垦土地必须经过科学论证和评估，必须符合法律规定，必须经依法批准后才能进行开垦。关于如何依法开垦土地，有关法律作了明确的规定。土地管理法第四十条规定："开垦未利用的土地，必须经过科学论证和评估，在土地利用总体规划划定的可开垦的区域内，经依法批准后进行。禁止毁坏森林、草原开垦耕地，禁止围湖造田和侵占江河滩地。根据土地利用总体规划，对破坏生态环境开垦、围垦的土地，有计划有步骤地退耕还林、还牧、还湖。”农业法第六十二条规定：“禁止毁林毁草开垦、烧山开垦以及开垦国家禁止开垦的陡坡地，已经开垦的应当逐步退耕还林、还草。禁止围湖造田以及围垦国家禁止围垦的湿地。已经围垦的，应当逐步退耕还湖、还湿地。”草原法第四十六条规定：“禁止开垦草原。对水土流失严重、有沙化趋势、需要改善生态环境的已垦草原，应当有计划、有步骤地退耕还草；已造成沙化、盐碱化、石漠化的，应当限期治理。”森林法第二十三条规定：“禁止毁林开垦和毁林采石、采砂、采土以及其他毁林行为。”水土保持法第二十条规定：“禁止在二十五度以上陡坡地开垦种植农作物。”第二十三条规定：“在禁止开垦坡度以下、五度以上的荒坡地开垦种植农作物，应当采取水土保持措施。具体办法由省、自治区、直辖市根据本行政区域的实际情况规定。”第三十七条规定：“已在禁止开垦的陡坡地上开垦种植农作物的，应当按照国家有关规定退耕，植树种草；耕地短缺、退耕确有困难的，应当修建梯田或者采取其他水土保持措施。”按照以上规定通过开垦等方式增加的土地，应当用于调整承包土地或者承包给新增人口，以解决人地矛盾的问题。

3. 承包方依法、自愿交回的土地

承包方依法、自愿交回的土地主要分为两种情况：一种情况是，按照新修改的农村土地承包法第二十七条第三款的规定，在承包期内，承包农户进城落户的，引导支持其将承包地（包括耕地、林地和草地）交回发包方。新修改的农村土地承包法，一是强调“自愿”，原法强调“应当”；二是交回发包方的包括耕地、林地和草地，原法只规定了交回耕地和草地。另一种情况是，按照农村土地承包法第三十条规定，在承包期内，承包方可以自愿将承包地交回发包方。即在承包期内，承包方可以根据家庭人口的变化、从事非农就业情况以及家庭的收入水平、收入结构、收入稳定性等情况进行综合考虑后，认为不愿意也不需要继续耕种承包地，又不愿意流转土地经营权的，可以自愿将承包地（包括耕地、林地和草地）交回发包方。承包方自愿交回的，发包方应当接受，并按照规定用于调整承包地或者承包给新增人口，解决承包期内出现的人地矛盾。

## 三、承包期内承包地的自愿交回

农村土地承包法第三十条规定：“承包期内，承包方可以自愿将承包地交回发包方。承包方自愿交回承包地的，可以获得合理补偿，但是应当提前半年以书面形式通知发包方。承包方在承包期内交回承包地的，在承包期内不得再要求承包土地。”这主要是考虑到，在承包期内，如果承包方家庭人口出现重大变化，或者主要劳动人口进城务工，或者全家进城落户，稳定的非农收入已经成为家庭主要收入来源，已经无力或者无须继续耕种承包的土地，并且不愿流转土地经营权，这时，承包方可以自愿将承包地（包括耕地、林地和草地）交回发包方。这样规定，给农民留下退出承包地的通道，充分尊重了农民的选择权，既避免农民无力或者不愿耕种承包地时出现撂荒，闲置土地资源，又可以将交回的承包地用于调整土地或者承包给新增人口，缓解人地矛盾。

这次修法，增加了承包方自愿交回承包地的，可以获得合理补偿的内容。主要是考虑到，一方面，承包方在承包期内，为提高土地生产能力而进行的投入，如建设水利灌溉设施，将中低产田改造成高产田，将盐碱度较高和荒漠化土地改造成良田等，这些都需要投入资金和劳动力，如果承包方自愿将承包地交回，则应该给予补偿，鼓励合理利用土地，提高土地生产能力。另一方面，按照物权法的规定，土地承包经营权是用益物权，是财产权，承包方自愿交回承包地，等于是在承包期内放弃了用益物权，理应获得合理补偿。需要注意的是，承包方自愿交回承包地可以获得的合理补偿和农村土地承包法第三十四条规定的承包方将全部或者部分土地承包经营权转让给本集体经济组织的其他农户获得的价款是不一样的。交回承包地的，补偿的主体应该是发包方，转让土地承包经营权的，付出转让价款的应该是土地承包经营权的受让方。

同时，法律对承包方自愿交回承包地提出了要求：承包方自愿交回承包地的，应当提前半年以书面形式通知发包方；承包方在承包期内交回承包地的，在承包期内不得再要求承包土地。具体包括以下几点：

第一，承包方应当提前半年通知发包方。因为土地的耕作具有季节性，为了不耽误农时，不荒芜土地，承包方决定自愿交回土地应当提前通知发包方，这样既可以给自己留出时间处理承包地上的收获物、果实等，又可以给发包方留出合理的时间，以便发包方寻找新的承包人，以及将交回的承包地委托给他人种植。法律规定承包方应当提前半年发出通知，符合我国大部分地区的耕地实行一年两季播种的耕作习惯。

第二，承包方交回承包地的通知必须采取书面形式。因为承包方将承包地交回发包方是一件非常重大的事情，不但放弃了继续经营所承包土地的权利，更是放弃了在承包期内承包土地的权利，应当慎重，不宜以口头方式作出决定。必须采取书面形式，表面看来这似乎给承包方增加了麻烦，实际上是为了保护承包方的利益，也可以防止双方当事人今后就此出现争议时没有凭证。

第三，在承包期内不得再要求承包土地。承包方一旦自愿将承包地交回发包方，在承包期内，不能再向发包方要求承包土地。这是因为，实际工作中，有些地方出现这样的情况：有的农民进城打工后获得一定的非农收入，在农产品价格低落、种田没有效益时不愿意耕种土地，提出将承包地交回发包方，此时发包方不愿意接受，因为交回的承包地可能无人耕种，为了避免撂荒，发包方还得花钱雇人耕种；另外，进城农民一旦在城市打工遇到困难，或者农产品价格上涨、种地收益较好时，又向发包方提出要求重新承包土地，而此时原承包地已经交给其他农户耕种。在这两种情况下，都很容易造成纠纷。所以，在承包期内，承包方如果按照程序自愿交回承包地，就视同放弃了在承包期内承包土地的权利，在承包期内不得再要求承包土地。这一规定客观上也促使承包方必须十分慎重地作出交回承包地的决定，如果感到自己的非农收入、非农就业尚不稳定，对生活保障尚有疑虑，同时又无力或者不愿意耕种承包地，可以将承包地的土地经营权依法流转给他人耕种，不要轻易交回承包地。

承包方自愿交回承包地的，承包期内不得再要求承包土地，并不影响承包方按照农村土地承包法第五条规定享有承包土地的权利。承包方自愿交回承包地，交回的只是土地承包经营权，而不是作为集体经济组织成员承包土地的权利。承包方作为农村集体经济组织的农户，依然享有承包本集体经济组织土地的权利，将来在新一轮承包时，还有权依法承包土地。

## 四、妇女土地承包权益的保护

我国法律历来高度重视对妇女权益的保护，特别是对农村妇女土地承包权益的保护。妇女权益保障法第三十二条规定，妇女在农村土地承包经营、集体经济组织收益分配、土地征收或者征用补偿费使用以及宅基地使用等方面，享有与男子平等的权利。第三十三条规定，任何组织和个人不得以妇女未婚、结婚、离婚、丧偶等为由，侵害妇女在农村集体经济组织中的各项权益。因结婚男方到女方住所落户的，男方和子女享有与所在地农村集体经济组织成员平等的权益。婚姻法第三十九条规定，夫或妻在家庭土地承包经营中享有的权益等，应当依法予以保护。

农村土地承包法第六条规定，农村土地承包，妇女与男子享有平等的权利。承包中应当保护妇女的合法权益，任何组织和个人不得剥夺、侵害妇女应当享有的土地承包经营权。这是保障集体经济组织中女性成员能够和男子享有平等的承包本集体经济组织土地权利的基本原则。第十六条规定，家庭承包的承包方是本集体经济组织的农户。农户内家庭成员依法平等享有承包土地的各项权益。针对在承包期内可能出现的损害妇女承包权益的具体情形，农村土地承包法第三十一条规定：“承包期内，妇女结婚，在新居住地未取得承包地的，发包方不得收回其原承包地；妇女离婚或者丧偶，仍在原居住地生活或者不在原居住地生活但在新居住地未取得承包地的，发包方不得收回其原承包地。”

这条规定的基本宗旨是，妇女参加了土地家庭承包后，不管妇女结婚、离婚还是丧偶，不管是嫁到外地还是本地，不管是嫁入地还是婚出地，要确保妇女拥有一块承包地，不能因为婚姻状况发生变化而造成其无地可种。具体包含以下两个方面的内容：

第一，关于出嫁女的承包地。妇女结婚前作为本集体经济组织成员参加了土地承包，取得了承包地，承包期内，妇女结婚的，嫁入方与妇女不属于同一集体经济组织，妇女成为嫁入方所在集体经济组织的新增人口，嫁入方所在的集体经济组织应按照农村土地承包法第二十九条规定，充分利用集体经济组织依法预留的机动地、通过依法开垦等方式增加的土地或者发包方依法收回和承包方依法、自愿交回的土地，尽量解决嫁入妇女的承包土地问题。如果嫁入方所在的集体经济组织没有上述土地，也可以按照农村土地承包法第二十八条的规定，在按照法定程序依法对个别农户之间承包的土地进行调整时，分给嫁入妇女一份承包地。如果出嫁妇女在嫁入地没有新取得承包地，则出嫁妇女原承包土地的发包方不得收回其原承包地。这样可以保证出嫁妇女无论在何种情况下都能拥有一份承包地。

第二，关于离婚或者丧偶妇女的承包地。妇女结婚后作为本集体经济组织成员参加了土地承包，取得了承包地，在承包期内，妇女离婚或者丧偶，仍在原居住地生活的，其已取得的承包地应当由离婚或者丧偶妇女继续承包，发包方不得收回；不在原居住地生活的，新居住地的集体经济组织应当尽量为其解决承包土地问题，如可以在依法进行小调整时分给离婚或者丧偶妇女一份承包地，离婚或者丧偶妇女在新居住地未取得承包地的，原居住地的发包方不得收回其原承包地。这样规定的目的在于保证离婚或者丧偶的妇女能够拥有一份承包地。

## 五、家庭承包权益的继承

家庭承包的继承问题比较复杂，一方面，要保护承包方的土地承包经营权，承包收益应当依法继承；另一方面，家庭承包的承包方是集体经济组织内部的农户家庭，家庭承包取得的土地承包经营权一般不发生继承问题。而且，由于土地的集体所有，严格来讲，只有本集体经济组织成员才能享有使用土地的权利。

农村土地承包法第三十二条规定："承包人应得的承包收益，依照继承法的规定继承。林地承包的承包人死亡，其继承人可以在承包期内继续承包。"

第一，家庭承包的土地承包经营权不发生继承。家庭承包是集体经济组织内部农户进行的承包，按人分地，按户承包，农户是承包单位，承包过程强调公平，承包地具有社会保障功能。通过家庭承包方式取得的土地承包经营权，家庭的某个或者部分成员死亡的，土地承包经营权不发生继承问题，承包地由家庭其他成员继续耕种。家庭成员全部死亡的，该土地上承包关系的承包方消亡，土地承包经营权消灭，由发包方收回承包地。

第二，承包人应得的收益可以依法继承。在承包期内，承包人死亡的，其依法应当获得的承包收益，按照继承法的规定继承。这里的"承包人"应当理解为承包方的家庭成员。具体包括两种情况：一是在承包期内，家庭成员之一死亡的（如户主去世），承包户的土地承包经营权不发生继承问题，承包地由家庭其他成员继续耕种；但该成员依法应得的承包收益属于其遗产，按照继承法的规定继承。二是在承包期内，如果承包户的家庭成员全部死亡，该土地上承包关系的承包方消亡，由发包方收回承包地，但该家庭最后一个成员应当获得的承包收益，按照继承法的规定继承。

第三，林地的承包人死亡后其继承人可以继续承包。鉴于林地具有投资周期长，见效慢等特殊性，农村土地承包法在规定林地继承时，将其与耕地、草地区别对待，这是符合实际的。家庭承包的林地，家庭成员的继承人（可以是本集体经济组织成员，也可以是集体经济组织以外的继承人），在承包期内可以继续承包，直到承包期满。

## 六、土地承包经营权的互换

农村土地承包法第三十三条规定：“承包方之间为方便耕种或者各自需要，可以对属于同一集体经济组织的土地的土地承包经营权进行互换，并向发包方备案。”

农村的土地有好有次，有远有近，有朝阳有背阴。家庭承包之初，按人分地，按户承包，强调人人有份，绝对平均，发包方本着公开、公平、公正的原则，好坏搭配、兼顾远近、考虑用途，合理分配承包地。这样一来，成片的土地往往分别由不同的农户承包，每个承包户得到的承包地都是有好地有差地，有旱地有水田，有远的有近的，通常是东一块、西一块，耕作上存在诸多不便。特别是随着现代农业的发展，农业机械的使用越来越普遍，但由于农户的地块分散，极大提高了使用机械的成本。为此，在一些地方，农民为了耕作方便或者出于其他考虑，通过互换土地承包经营权的方式，达到资源的最佳配置。

土地承包经营权互换，是承包方将自己的土地承包经营权给他人行使，自己获得他人的土地承包经营权。互换从表面上看是地块的交换，但从性质上看，是由交换承包的土地引起的权利交换。权利交换后，发包方与原有的承包方的关系，变为发包方与互换后的承包方的关系，双方的权利义务同时作出相应的调整。互换土地承包经营权，是农户在自愿的基础上，在同一集体经济组织内部，对人人有份的承包经营权进行的交换。

第一，土地承包经营权互换是自愿行为。土地承包经营权互换通常都是对等的，也未剥夺互换双方的土地承包经营权。因此，只要不违反法律，且不侵害他人的合法权益，发包方及其他任何组织和个人都不应干涉。第二，土地承包经营权互换只是承包方的改变，不是土地用途及承包义务的改变，互换后的承包方应继续履行义务，不能随意改变承包地的用途。第三，土地承包经营权互换仅限于同一集体经济组织内部。互换土地承包经营权，要避免因互换行为打乱不同农民集体的土地权属。所以，承包方不能与其他集体经济组织的农户互换土地承包经营权。第四，土地承包经营权互换，应向发包方备案，并办理相关手续。土地承包经营权互换改变了原有的权利分配，涉及承包义务的履行，因此应当报发包方备案。此外，互换涉及地块变化和土地承包经营权权属关系的变化，需要办理承包经营合同的变更、解除或重订手续以及权证变更手续。

## 七、土地承包经营权的转让

农村土地承包法第三十四条规定："经发包方同意，承包方可以将全部或者部分的土地承包经营权转让给本集体经济组织的其他农户，由该农户同发包方确立新的承包关系，原承包方与发包方在该土地上的承包关系即行终止。"

土地承包经营权转让，是指土地承包经营权人将其拥有的土地承包经营权以一定的方式和条件转移给他人的行为。按照农村土地承包法的规定，转让农村土地承包经营权应当注意以下几点：

一是土地承包经营权转让是承包方的自愿行为。按照农村土地承包法的规定，国家保护承包方的土地承包经营权，承包方有依法互换、转让土地承包经营权的权利。也就是说，承包方有转让土地承包经营权的权利，也有不转让土地承包经营权的权利，这是承包方的自愿行为，任何组织和个人都不能强迫承包方转让土地承包经营权。

二是土地承包经营权转让必须经发包方同意。土地承包经营权转让与互换不同，互换只需向发包方备案，转让则要经发包方同意，这是因为土地承包经营权转让后，承包方将一次性获得转让款，同时将失去土地，也即失去在农村的生活保障。如果不加以限制而由承包方随意转让土地承包经营权，就可能出现个别农户为了眼前短期利益转让土地承包经营权，又没有稳定的收入来源，将价款花光吃净后，生活出现困难的情形。因此，转让土地承包经营权，经发包方同意是必要的。对于符合法律规定条件转让土地的，发包方应当予以准许。

三是受让方必须是本集体经济组织的农户。该条件对受让方有两方面的要求：第一，受让方是农户。转让行为发生后，受让方要与发包方确立新的承包关系。家庭承包是按人分地，按户承包，能够与发包方确立承包关系的只能是农户，所以受让方只能是农户，不能是集体经济组织成员或者农民个人。第二，只能在本集体经济组织内转让。转让行为发生后，受让方要与发包方确立新的承包关系。家庭承包的土地只能发包给本集体经济组织的农户，不属于本集体经济组织的农户不能成为家庭承包土地的承包方，所以，土地承包经营权只能转让给本集体经济组织的其他农户，而不能转让给投资开发农业的工商企业、城镇居民、外商等。

四是转让后要与发包方确立新的承包关系。承包人转让的土地承包经营权，可以是全部也可以是部分，对于已经转让的，不论是全部转让还是部分转让，受让农户都应与发包方确立新的承包关系。原承包方与发包方在该土地上的承包关系即行终止。部分转让的，对于未转让部分，原承包方与发包方应重新确立承包关系，变更原有的承包合同。

土地承包经营权转让，不仅要遵守法律专门规定的转让条件，还要遵守法律的其他规定，如土地承包经营权转让后，不得改变土地所有权性质和土地的农业用途；受让方应当有农业经营能力等。

土地承包经营权转让不同于土地承包经营权互换。互换土地承包经营权，承包方与发包方的关系虽有变化，但互换土地承包经营权的双方只是对土地承包经营权进行了交换，并未丧失该权利。而转让土地承包经营权，承包方与发包方的土地承包关系即行终止。土地承包经营权转让也不同于土地经营权流转，土地经营权流转后，不影响其依法享有的土地承包权，承包方与发包方的承包关系不变。

## 八、土地承包经营权互换、转让登记

农村土地承包法第三十五条规定："土地承包经营权互换、转让的，当事人可以向登记机构申请登记。未经登记，不得对抗善意第三人。"

土地承包经营权是国家依法赋予农民承包土地的权利，其性质、内容、变动要件都是依法确定的。虽然承包方没有土地所有权，但是依照农村土地承包法的规定，有至少三十年的农村土地使用权，是用益物权。根据农村土地承包法的规定，不论是否登记，承包方都是自土地承包合同生效之日取得农村土地承包经营权。对土地承包经营权进行登记，也只是对这个权利进行确认，并不影响土地承包经营权的取得。这是根据我国目前农村土地承包经营权登记工作的现实作出的符合实际的规定。

登记制度是不动产物权制度的基石，各国立法对于不动产登记的做法不同：一是采登记生效主义，即不动产物权的设立、变动不登记不生效；二是采登记对抗主义，即不登记不得对抗善意第三人。农村土地承包法对于土地承包经营权互换、转让，采用登记对抗主义。也就是说，当事人签订土地承包经营权的互换、转让合同，并经发包方备案或者同意后，该合同即发生法律效力，不强制当事人登记。农村土地承包法将登记的决定权交给农民，当事人要求登记的，可以登记。未经登记，不能对抗善意第三人。也就是说，不登记将产生不利于土地承包经营权受让人的法律后果。

在互换、转让土地承包经营权时，自签订互换、转让土地承包经营权合同生效时起，受让方自动取得土地承包经营权。如果当事人有登记需求，可以向登记机构申请登记，并对原承包方的土地承包经营权证进行变更或撤销，以对土地承包经营权发生的变化重新予以确认。这里的登记机构是指按照农村土地承包法第二十四条规定，对耕地、林地和草地等实行统一登记的登记机构。

“未经登记，不得对抗善意第三人”，是为保护转让、互换的土地承包经营权流转行为有效性而设置的，防止承包方将同一土地承包经营权以互换或者转让方式流转给多个受让人。第三人是相对发包方、承包方而言的，善意是指第三人取得土地承包经营权时并不是通过恶意手段或行为，也不清楚承包方互换、转让行为是否合法。当第三人善意取得土地承包经营权，即使没有登记，发包方也不能向其追索，而只能要求承包方赔偿由此造成的损失。在涉及土地承包经营权属变动的土地承包经营权互换、转让实践中，受让人为更好地保护自己的土地承包经营权不受侵害，应当进行登记确认。《最高人民法院关于贯彻执行〈中华人民共和国民法通则〉若干问题的意见（试行）》第八十九条指出，第三人善意、有偿取得该财产的，应当维护第三人的合法权益。

## 第五节　土地经营权

实施“三权”分置的重要目的，就是在保护好集体所有权、农户承包权的前提下，更好地用活土地经营权，更好地促进规模经营和现代农业发展。本节对“三权”分置制度下的土地经营权作出专门规定。

## 一、土地经营权的定义及相关权利

农村土地承包法第三十七条规定：“土地经营权人有权在合同约定的期限内占有农村土地，自主开展农业生产经营并取得收益。”按照“三权”分置原则，土地经营权从土地承包经营权中分离，是土地作为农业生产要素功能的直接体现。

土地经营权人在流转合同生效后，获得土地经营权。种什么、怎么种、种多少，都由土地经营权人自主决定。土地经营权人可以因地制宜、根据市场需求组织安排生产，并依法获取收益。

农村土地承包法第四十三条规定：“经承包方同意，受让方可以依法投资改良土壤，建设农业生产附属、配套设施，并按照合同约定对其投资部分获得合理补偿。”对承包地的投入，包括为增加地力进行土地改良，为方便灌溉而修渠、打井、安置喷灌设施，为种植蔬菜搭建大棚等。对承包地投入的补偿，以什么方式进行可以由流转双方协商确定。对承包地投入的补偿应当与其投入的价值相当，投入方不应漫天要价，另一方也不应恶意压价，要公平合理。

## 二、土地经营权的流转

### （一）流转方式

农村土地承包法第三十六条规定："承包方可以自主决定依法采取出租（转包）、入股或者其他方式向他人流转土地经营权，并向发包方备案。"

出租，是指承包方将部分或全部土地经营权以一定期限租赁给本集体经济组织以外的组织或个人从事农业生产经营；转包，是指承包方将部分或全部土地经营权以一定期限转给同一集体经济组织的其他农户从事农业生产经营。出租或转包后，土地承包关系保持不变，承包方继续履行承包合同规定的权利义务。

入股，是指承包方将土地经营权作价折股加入企业、农民合作社、家庭农场等，并以入股土地经营权而获得分红。入股的只是承包地的土地经营权，土地承包权仍归承包方，集体土地所有权也不改变。

承包方流转土地经营权，应当将流转合同报发包方存档备查，即备案。土地经营权流转不需要发包方批准。

### （二）流转原则

农村土地承包法第三十八条规定："土地经营权流转应当遵循以下原则：（一）依法、自愿、有偿，任何组织和个人不得强迫或者阻碍土地经营权流转；（二）不得改变土地所有权的性质和土地的农业用途，不得破坏农业综合生产能力和农业生态环境；（三）流转期限不得超过承包期的剩余期限；（四）受让方须有农业经营能力或者资质；（五）在同等条件下，本集体经济组织成员享有优先权。”

依法，就是土地经营权流转必须按照有关法律法规进行，不得改变承包土地的所有权和农业用途，流转期限不得超过承包期的剩余期限，不得损害利害关系人和农村集体经济组织的合法权益，依法形成的流转关系受到保护。自愿，就是土地经营权是否流转、以何种方式流转，应当由当事人自主决定，流转主体是承包方即农户，这是农民拥有土地承包经营权物权属性的具体体现。有偿，就是流转收益应当由流转双方当事人协商确定，并归农户所有，任何组织和个人不得侵占、截留、扣缴。依法、自愿、有偿的原则，是土地经营权流转的基本原则，是规范流转行为的重要依据，也是衡量流转是否合理的根本标准。

土地经营权流转的对象是经营权，而不是所有权。因此，所有权性质不因流转而有所改变。土地经营权人应依法维持土地的用途，不得擅自改变土地的农业用途，将土地用于非农建设。在生产经营中还要注意科学使用肥料，在提高产量的同时，保护地力及周边水资源、生物资源等，不得破坏农业生产综合能力和农业生态环境。

流转期限应限定在承包期内。根据农村土地承包法的规定，耕地的承包期为三十年，其他土地的承包期更长。承包方拥有土地承包经营权的有效期限与承包期是一致的，超过了这个期限，承包方就没有对承包土地的支配权。因此，承包方流转土地经营权不能超过法定的土地承包期的剩余期限。超过剩余期限的流转不受法律保护。

农业经营能力和资质一般应包括：直接从事农业生产活动的经验、拥有与流转土地规模相适应的自有资金、拥有从事农业生产的相关技术、具备独立组织和管理农业生产的行为能力、法律法规和部门规章规定的其他要件。

所谓同等条件，即本集体经济组织内部成员和外部人员同时参与流转竞争，两者在农业技术力量、资金状况、信誉状况、流转费用等方面条件相当。农村土地承包法规定，在同等条件情况下，本集体经济组织内部成员有权优先取得该土地的经营权。

**（三）流转合同**

签订土地经营权流转合同是土地经营权流转需要履行的必要手续。用书面形式，全面、具体明确流转双方当事人约定的事项，以便双方共同履行，兑现承诺，减少纠纷。

农村土地承包法第四十条规定："土地经营权流转，当事人双方应当签订书面流转合同。土地经营权流转合同一般包括以下条款：（一）双方当事人的姓名、住所；

（二）流转土地的名称、坐落、面积、质量等级；（三）流转期限和起止日期；（四）流转土地的用途；（五）双方当事人的权利和义务；（六）流转价款及支付方式；（七）土地被依法征收、征用、占用时有关补偿费的归属；（八）违约责任。”

代耕不超过一年的，可以不签订书面合同，这样规定主要是方便农户之间短期代耕的行为。代耕者通常是土地承包权人的父母、兄弟或者亲戚朋友等，只是口头打个招呼约定代耕。但如果代耕超过一年，为了明确双方的权利义务，减少争议，当事人应当签订书面合同。

土地经营权流转建立在双方自愿的基础上，双方不得随意解除合同。此外，农村土地承包法第四十二条规定：“承包方不得单方解除土地经营权流转合同，但受让方有下列情形之一的除外：（一）擅自改变土地的农业用途；（二）弃耕抛荒连续两年以上；（三）给土地造成严重损害或者严重破坏土地生态环境；（四）其他严重违约行为。”如果受让方不遵守合同的约定和流转基本原则，有上述情形之一的，承包方可以单方解除土地经营权流转合同。

**（四）流转收益的归属**

农村土地承包法第三十九条规定：“土地经营权流转的价款，应当由当事人双方协商确定。流转的收益归承包方所有，任何组织和个人不得擅自截留、扣缴。”

流转收益包括租金（转包费）、入股分红等，具体数额应当由双方当事人在流转合同中协商确定，双方确定的流转收益归承包农户所有，任何组织和个人不得擅自截留、扣缴，以保障承包方流转土地经营权的收益不受侵犯。

**（五）土地经营权流转后承包方与发包方关系**

在“三权”分置的框架下，承包方无论采取何种方式流转土地经营权，都仅仅是土地经营权的转移，承包权仍然属于承包方，土地承包关系不发生变化，承包方继续履行承包合同规定的权利义务。农村土地承包法第四十四条规定：“承包方流转土地经营权的，其与发包方的承包关系不变。”

**（六）土地经营权再流转**

农村土地承包法第四十六条规定：“经承包方书面同意，并向本集体经济组织备案，受让方可以再流转土地经营权。”但土地经营权再流转的流转期限，不得超过原土地经营权流转期限的剩余期限。

## 三、土地经营权登记

为保护经营主体依流转合同取得的土地经营权，保障其有稳定的经营预期和土地资源得到更有效合理的利用，农村土地承包法第四十一条规定：“土地经营权流转期限为五年以上的，当事人可以向登记机构申请土地经营权登记。未经登记，不得对抗善意第三人。”土地经营权登记的目的在于将经营权变更的事实予以公示，使他人明确权利人，以保护善意第三人，这属于登记对抗主义，而不是登记设立主义。这是为了保护土地经营权流转行为的有效性而设置的。

善意，即善意取得，是指第三人取得土地经营权时不是通过恶意手段和行为。假设在土地流转中，甲将土地经营权流转给乙，但乙没有办理土地经营权登记。过了一段时间，甲又将土地经营权流转给丙，而丙并不知道甲已将该土地经营权流转给了乙，丙支付了流转费，并办理了土地经营权登记。那么丙就是“善意第三人”，并获得土地经营权。乙则不能取得土地经营权，但乙可以请求相应的补偿。如果丙明知道或者应该知道甲已将土地经营权流转给乙，那么，丙就不是善意第三人，不能取得土地经营权，乙取得土地经营权。当然，丙可以请求甲退还支付的价款。

## 四、工商资本取得土地经营权

近年来，一些工商企业投资农业，通过流转农民承包地，从事规模化经营，一定程度上推动了农业结构调整，提高了农业生产力水平，但也出现借农业产业化经营之名行圈占农村土地之实，违法违规进行非农、非粮化建设，影响国家粮食安全和主要农产品供给的问题。对于工商企业进行农业产业化经营，一方面要规范，另一方面要严格工商企业流转土地经营权的准入监管，总的要求是不得改变土地集体所有权性质、不得改变土地用途、不得损害农民土地承包权益。2013年中央一号文件提出，“探索建立严格的工商企业租赁农户承包耕地（林地、草原）准入和监管制度”。2014年中央一号文件又提出“探索建立工商企业流转农业用地风险保障金制度，严禁农用地非农化”。2015年，原农业部会同中央农办、原国土资源部、原国家工商总局等部门联合印发《关于加强对工商资本租赁农地监管和风险防范的意见》，要求各地对工商资本长时间、大面积租赁农地要有明确上限控制，建立风险防范制度。截至目前，全国已有1037个县（市、区）建立了工商资本租赁农地监管和风险防范制度，缴纳租赁农地风险保障金总额39.8亿元。农村土地承包法第四十五条规定：“县级以上地方人民政府应当建立工商企业等社会资本通过流转取得土地经营权的资格审查、项目审核和风险防范制度。工商企业等社会资本通过流转取得土地经营权的，本集体经济组织可以收取适量管理费用。具体办法由国务院农业农村、林业和草原主管部门规定。”上述规定，目的是加强农地用途管制和保护农民流转土地经营权的权益，是规范而不是堵，允许工商企业进入农业提升集约化经营水平的方向没有改变。当然，要禁止借机设置门槛搞权力寻租。

## 五、土地经营权融资担保

融资担保是随着商业信用、金融信用的发展需要和担保对象的融资需求而产生的一种信用中介行为。以承包地的土地经营权作为融资担保标的物，是以承包方对承包地享有的占有、使用、收益和流转权利为基础的，满足用益物权可设定为融资担保标的物的法定条件。赋予土地经营权抵押、担保权能，使承包农户拥有的承包地权能更加完整和充分，有利于扩展农地的生产经营功能，有利于促进农业农村发展，是增加农民财产性收入的重要渠道。2015年12月，全国人大常委会决定在232个试点县开展农村土地经营权抵押贷款试点工作。2016年，中国人民银行会同有关部门下发了《农村承包土地的经营权抵押贷款试点暂行办法》，从贷款对象、贷款管理、风险补偿、配套支持措施、试点监测评估等多方面明确了要求。截至2018年9月末，试点地区已有1193家金融机构开办农村土地经营权抵押贷款业务，贷款余额520亿元。试点取得积极成效。农村土地承包法第四十七条第一款规定："承包方可以用承包地的土地经营权向金融机构融资担保，并向发包方备案。受让方通过流转取得的土地经营权，经承包方书面同意并向发包方备案，可以向金融机构融资担保。”以承包地的土地经营权为标的物设定担保，当债务人不能履行债务，债权人依法定程序处分担保物，只是转移了承包地的土地经营权，实质是使用权和收益权，土地承包权没有转移，承包地的集体所有性质也不因此改变。

农村土地承包法第四十七条第二款、第三款、第四款规定：“担保物权自融资担保合同生效时设立。当事人可以向登记机构申请登记；未经登记，不得对抗善意第三人。实现担保物权时，担保物权人有权就土地经营权优先受偿。土地经营权融资担保办法由国务院有关部门规定。”

# 第三章

## 其他方式的承包

农村土地承包法根据承包方式的差异，将农村土地承包分为家庭承包和其他方式的承包。农村土地承包法第四十八条规定："不宜采取家庭承包方式的荒山、荒沟、荒丘、荒滩等农村土地，通过招标、拍卖、公开协商等方式承包的，适用本章规定。"本章规定的是其他方式的承包，共7条。

### 一、其他方式的承包

对于农民集体所有和国家所有依法由农民集体使用的耕地、林地、草地，一般实行人人有份的农村集体经济组织内部的家庭承包；对于不宜采取家庭承包方式的荒山、荒沟、荒丘、荒滩等农村土地，可以通过采取招标、拍卖、公开协商等方式承包。此种承包并非集体经济组织成员人人有份的承包，对承包方的身份没有特别的限制，所以承包方不仅仅局限于农村集体经济组织内部成员，非本集体经济组织成员的外村农户、其他组织等农业生产经营者依照法律规定和承包合同皆可取得对这些土地的经营权，从事种植业、林业、畜牧业、渔业等农业生产经营活动。

### （一）其他方式承包的特点

1. 在承包主体上，其他方式承包的承包方不局限于本集体经济组织内部成员，本集体经济组织外的个人、组织、单位也可承包。而家庭承包只有本集体经济组织成员有权承包。

2. 其他方式承包对承包方没有特殊限制，可以是个人、各类组织或者家庭。而家庭承包必须以农户家庭为单位进行承包。

3. 在承包方式上，其他方式承包可以采用招标、拍卖、公开协商等方式。

（1）招标，又称招标投标，是市场经济条件下促进效率优化资源的一种交易方式，其根本原则是公开、公平、公正和诚实信用。在这种交易方式下，农民集体所有的“四荒”等农村土地依法属于农民集体所有的，由村集体经济组织或者村民委员会作为招标方；已经分别属于村内两个以上农村集体经济组织的农民集体所有的，由村内各该农村集体经济组织或者村民小组作为招标方；国家所有依法由农民集体使用的，由使用该土地的农村集体经济组织、村民委员会或者村民小组作为招标方。招标方通过发布招标公告或向有意投标承包的集体经济组织内部成员或外部农业生产者发出招标邀请等方式发出招标信息，列出欲发包的荒山、荒沟、荒丘、荒滩等土地名称、坐落、面积、质量及其承包要求、承包期限以及对承包经营者的资格要求等招标条件，表明将选择最能够满足承包要求的农业生产经营者与之签订承包合同的意向，由有意承包的农业生产经营者作为投标方，向招标方书面提出自己响应招标要求的条件，参加投标竞争。经招标方对各投标者的条件进行审查比较后，从中择优选定中标者，并与其签订土地承包合同。

（2）拍卖，是指以公开竞价的形式，将特定物的财产权利转让给最高应价竞买人的买卖方式。拍卖是一种公开的竞买活动。拍卖的出卖人称为“拍卖人”，参加拍卖的买主称为“竞买人”。拍卖最大的特点是公开性和竞争性。拍卖是由竞买人提出各种标价，通过公开竞争，由拍卖人通过击锤等特定方式接受某项出价的买卖方式。拍卖活动的公开性和竞争性充分体现在拍卖的程序上，它必须经过三个步骤：第一步，拍卖人将拍卖物的种类、拍卖处所、拍卖日期及其他必要事项公开告知公众。第二步，在规定的拍卖日期和拍卖地点，拍卖人当众拍卖规定的物品。拍卖的性质决定了竞买人必须是多数人。各个竞买人在拍卖过程中可以以竞相抬高价格的方式出价购买。竞买人的出价对他自己有约束力，但是，在拍卖人拍定以前，竞买人可以随时撤回自己的出价。第三步，拍卖人对于竞买人所作的意思表示作出承诺，这种承诺就叫拍定，是拍卖人表示卖定的意思。拍定常用击锤的方式表示。拍卖人就竞买人所出的最高价高呼三次后，没有人再出更高价额时，他就可以击锤拍定。一经拍定，买卖合同便告成立。“四荒”地流转中主要的形式是拍卖。

（3）公开协商，是指发包方与有意承包“四荒”等农村土地的一方当事人在平等、自愿的基础上，公开就承包的相关事宜进行协商，最终与承包条件最好的承包方依法签订土地承包合同。

4. 在承包对象上，主要以不适宜家庭承包的“四荒”地为主，而家庭承包主要是耕地、林地和草地。

### （二）“四荒”等土地承包经营方式及生态保护义务

农村土地承包法第五十条规定：“荒山、荒沟、荒丘、荒滩等可以直接通过招标、拍卖、公开协商等方式实行承包经营，也可以将土地经营权折股分给本集体经济组织成员后，再实行承包经营或者股份合作经营。承包荒山、荒沟、荒丘、荒滩的，应当遵守有关法律、行政法规的规定，防止水土流失，保护生态环境。”实践中，部分地方实行以本集体经济组织内部成员数为依据，将承包“四荒”地的经营权量化为股份进行股份合作经营。

国家依法保护治理开发“四荒”地成果和治理者的合法权益。在符合国家有关法律、法规、政策、水土保持总体规划和治理开发协议的前提下，允许并鼓励治理者在保持水土和培育资源的基础上，宜农则农，宜林则林，宜果则果，宜牧则牧，宜渔则渔，根据实际情况开发利用“四荒”地。但无论采用哪种方式治理开发“四荒”地，都必须遵守有关法律、法规和政策。例如，不准在二十五度以上的陡坡上开荒种植农作物，不准破坏植被、道路和农田水利、水土保持工程设施；不得进行掠夺式开发，不得将“四荒”地改为非农用途，以免造成新的水土流失，违者要按有关规定予以处罚；对违约逾期不治理开发的，农村集体经济组织应无偿收回。同时，明确规定“四荒”地拍卖、承包、租赁和股份合作的主要目的是治理水土流失、改善生态环境、促进可持续发展。“四荒”地治理开发的重点应放在生态建设上，根据治理水土流失的需要可以用于农业，也可以用于造林、种草和相关的工程措施，要尽可能避免对“四荒”地进行大范围地开垦种田。

在“四荒”地的流转过程中始终贯穿着一个矛盾，即开发与治理的矛盾。在对“四荒”地开发与治理两个目标取向上，各级政府与集体经济组织、农户之间是有差异的。政府强调治理环境，保持水土。而后者的重点则在于“四荒”地的开发利用上。但从长期看，生态环境是产业开发的条件，而产业开发又可以为治理生态环境提供物质保证和技术支持。只有把治理和开发结合起来，才能步入可持续发展的道路。

## 二、其他方式承包的土地承包合同

农村土地承包法第四十九条规定："以其他方式承包农村土地的，应当签订承包合同，承包方取得土地经营权。当事人的权利和义务、承包期限等，由双方协商确定。以招标、拍卖方式承包的，承包费通过公开竞标、竞价确定；以公开协商等方式承包的，承包费由双方议定。"以其他方式承包农村土地，同家庭承包一样，也应当签订书面合同。签订承包合同，可以更好地维护双方当事人的合法权益，减少纠纷。由于其他方式承包的自身特点，此次修改明确承包方自承包合同签订时起，取得土地经营权。其他方式承包是平等的民事主体之间的民事法律行为，双方当事人地位平等。因此，双方当事人的权利和义务、承包期限等不是法定，而是由双方当事人协商确定。对于承包费，以招标、拍卖方式承包的，可以通过公开竞标、竞价确定；以公开协商等方式承包的，由双方议定。当然，当事人协商确定承包合同的具体内容，特别是约定当事人的权利和义务，应当符合有关法律法规的要求，不得违反法律法规的规定。

需要强调两点：一是承包期限的确定。其他方式承包的承包权限，由双方当事人协商确定。但双方商定的承包期限，不得超过国家有关规定的最高期限。国务院办公厅《关于进一步做好治理开发农村“四荒”资源工作的通知》（国办发〔1999〕102号）规定，“四荒”使用权承包、租赁或拍卖的期限最长不得超过五十年。二是承包费的确定。承包费是其他方式承包合同的一个关键条款，应当依照法律规定公平、公开、合理地确定承包费。承包费收入是集体资产，属于本集体经济组织农民集体所有，因此承包费的使用应当由集体经济组织决定，不能由个别人说了算，承包费的使用情况和相关账目应实行财务公开，接受本集体经济组织成员的监督。

## 三、本集体经济组织成员的优先承包权

农村土地承包法第五十一条规定：“以其他方式承包农村土地，在同等条件下，本集体经济组织成员有权优先承包。”

所谓同等条件，即本集体经济组织成员和外部竞包者同时参与承包竞争，在两者农业技术力量、资金状况、信誉状况、承包费用等条件相当的情况下，应当由本集体经济组织成员取得该土地的经营权。在两者资信、技术等条件有所差异的情况下，应采取择优选用的原则，而不是当

然地将土地承包给条件处于劣势的本集体经济组织成员，否则就违背了招标、拍卖、公开协商所强调的公开性、公正性和程序性的原则。因此，不能简单地认为在以其他方式承包土地的情况下，本集体经济组织成员一定享有优先权，这里的优先是以“同等条件”为前提的。在与本集体经济组织外的单位或个人竞争时，只有当本集体经济组织成员与外部竞争者具有同等的竞争条件时，发包方才可以将土地优先承包给本集体经济组织成员。

## 四、给本集体经济组织以外的单位和个人的发包程序

农村土地承包法第五十二条规定：“发包方将农村土地发包给本集体经济组织以外的单位或者个人承包，应当事先经本集体经济组织成员的村民会议三分之二以上成员或者三分之二以上村民代表的同意，并报乡（镇）人民政府批准。由本集体经济组织以外的单位或者个人承包的，应当对承包方的资信情况和经营能力进行审查后，再签订承包合同。”

农村土地归农民集体所有，发包给集体以外的单位和个人承包，需经过本集体经济组织成员的村民会议三分之二以上成员或者三分之二以上村民代表的同意，是集体所有权的体现。报乡（镇）人民政府批准，是为了最大限度

减少集体的损失。先对本集体经济组织以外的单位或者个人承包的承包方进行资信情况和经营能力审查，再签订承包合同，是为了保护集体资产不外流，并能够保值增值，增加农民收入。

## 五、以其他方式承包取得的土地经营权的流转

农村土地承包法第五十三条规定："通过招标、拍卖、公开协商等方式承包农村土地，经依法登记取得权属证书的，可以依法采取出租、入股、抵押或者其他方式流转土地经营权。"

其他形式的土地承包，流转的方式比较灵活。承包方在经过依法登记取得权属证书后，其土地经营权可以采取出租、入股、抵押或者其他方式流转。未经登记，没有取得权属证书的，不得流转土地经营权。未经登记而流转的，该流转行为无效。出租、入股与家庭承包方式的流转相同。抵押是其他方式承包流转土地经营权的特有方式，指抵押人和债权人以书面形式订立约定，不转移抵押物的占有，将该物作为债权的担保。

## 六、以其他方式承包取得的土地经营权的继承

其他方式的承包通常是以个人名义进行的，即使在个别情况下以家庭为单位进行承包，也不属于家庭承包方

式。因此，对于通过招标、拍卖、公开协商等方式取得土地经营权的，农村土地承包法第五十四条规定：“依照本章规定通过招标、拍卖、公开协商等方式取得土地经营权的，该承包人死亡，其应得的承包收益，依照继承法的规定继承；在承包期内，其继承人可以继续承包。”一是承包收益的继承。在承包期内，承包人死亡的，承包人应得的收益，如所种植的林木及其果实、未收割的农作物等，以及承包人已经取得的收益，应当依照继承法的规定继承。二是承包关系的继承。承包人在承包期内死亡的，承包人的继承人不论是不是本集体经济组织成员，都可以继续承包，直至承包期满。这一点与家庭承包不同。其他方式的承包是按照市场原则进行的，承包对象多为“四荒”地，承包人支付了相应的承包费，投资多、见效慢，允许承包人的继承人继续承包，才能充分调动承包人的积极性。

# 第四章

# 争议的解决和法律责任

## 一、争议解决的途径

农村土地承包法第五十五条规定：“因土地承包经营发生纠纷的，双方当事人可以通过协商解决，也可以请求村民委员会、乡（镇）人民政府等调解解决。当事人不愿协商、调解或者协商、调解不成的，可以向农村土地承包仲裁机构申请仲裁，也可以直接向人民法院起诉。”

1. 土地承包经营纠纷的含义。土地承包经营纠纷是指当事人之间，因承包土地的占有、使用、收益、互换、转让、流转、调整、收回以及承包合同的履行等事项发生的争议。农村土地承包法明确区分公平优先的家庭承包和效率优先的其他方式承包，对家庭承包取得的土地承包经营权，以物权方式加以充分的保护。因此，土地承包经营纠纷既包括侵权纠纷，也包括履行土地承包合同中的违约纠纷。

2. 土地承包经营纠纷的类型。土地承包经营纠纷既可能发生在承包土地的农民之间，也可能发生在承包土地的农民与农村集体经济组织或者村民自治组织之间，还有可能发生在农民、企业事业单位、政府及其有关部门之间。近年来，随着土地流转规模的不断扩大，承包土地的农民与受让方（第三方）之间因土地经营权流转而发生的纠纷也呈逐年增长。实践中，一般将土地承包经营纠纷区分为土地承包纠纷、土地流转纠纷及其他纠纷。

据有关部门统计，近年来，随着土地确权登记颁证的推进，土地承包纠纷明显增加，2014 年为 14.84 万件，2016 年为 25.71 万件；随着土地流转规模的不断扩大，土地流转纠纷也随之增加，2014 年达到 9.17 万件，2015 年、2016 年均突破了 10 万件。从案件类型看，主要是承包地边界纠纷、未实际取得承包权纠纷、农户间口头转让承包地纠纷、农户与经营大户及企业之间的流转纠纷、侵害妇女承包权益纠纷等。

3. 造成土地承包经营纠纷的原因。从现实导致纠纷的原因看，二轮土地承包政策落实不到位给纠纷的产生和化解留下了隐患；在土地问题上，“不患寡而患不均”的传统观念与现行土地承包法律政策冲突而产生的纠纷也时有发生，而一些地方以“村规民约”方式强行调整承包地也给依法化解纠纷增加了难度；农民法律意识、契约意识不强，基层政府依法行政意识不强，土地流转规模的扩大也是纠纷产生的因素。

4. 土地承包经营纠纷的解决途径。对于土地承包经营纠纷的解决，本条规定了四种途径：

一是协商解决。即当事人之间发生土地承包经营纠纷后，在平等自愿、互谅互让的基础上，直接进行协商，自行和解的方式解决争议。这种方式既节省时间，又节约人力物力，是最好的解决办法。

二是调解解决。调解是化解矛盾、消除纷争的非诉讼纠纷解决方式。2009 年制定的农村土地承包经营纠纷调解仲裁法对土地承包经营纠纷的调解作出了明确规定，当事人申请农村土地承包经营纠纷调解可以书面申请，也可以口头申请。口头申请的，由村民委员会或者乡（镇）人民政府当场记录申请人的基本情况、申请调解的纠纷事项、理由和时间。

调解过程中，村民委员会或者乡（镇）人民政府应当充分听取当事人对事实和理由的陈述，讲解有关法律以及国家政策，耐心疏导，帮助当事人达成协议。经调解达成协议的，村民委员会或者乡（镇）人民政府应当制作调解协议书。调解协议书由双方当事人签名、盖章或者捺印，经调解人员签名并加盖调解组织印章后生效。据有关部门统计，截至 2017 年，全国乡镇一级设立农村土地承包调解委员会31716个，村级调解组织59万个。农村是熟人社会，农民不会轻易选择“赢了官司，输了感情”的纠纷解决方式。实践中，无论是纠纷当事人还是基层政府都倾向于首选调解方式化解纠纷，多希望村级组织或政府给予调解解决。而地方政府根据社情民意，也多重视纠纷的调解，将纠纷化解在基层。除村民委员会、乡（镇）人民政府外，当事人还可以自愿请求公民个人、有关社会团体或者其他组织调解纠纷。

当事人可以自愿通过调解解决纠纷，但调解不是仲裁或者诉讼的必经程序。

三是仲裁解决。当事人之间不愿协商、调解，或者通过协商、调解方式不能解决纠纷的，可以向农村土地承包仲裁机构申请仲裁。法律规定，农村土地承包经营纠纷仲裁不得向当事人收取费用，仲裁工作经费纳入财政预算予以保障。

农村土地承包纠纷仲裁适用农村土地承包经营纠纷调解仲裁法，是特殊的民事仲裁，符合民事仲裁的一般原则，又具有特殊性。与商事仲裁实行或裁或审和一裁终局的制度不同，在农村土地承包纠纷仲裁中，当事人对仲裁裁决不服的可以向法院起诉。实践中，当事人选择仲裁方式的案件，多为争议较大、意见严重对立、对抗性较强、当事人难以达成合意的纠纷，申请仲裁的纠纷数量虽然占纠纷总量比重不高，但对化解矛盾发挥了重要作用。据有关部门统计，截至2016年年底，全国已设立土地承包仲裁委员会2472个，其中，县级仲裁委员会达到2374个，基本覆盖全国各涉农县（市、区），聘任仲裁员达到3.9万名。

2010～2016年，30个省（区、市，不含西藏）的县乡村累计受理农村土地承包经营纠纷185.89万件，其中，乡村调解150.34万件，仲裁案件13.18万件。绝大部分纠纷通过乡村调解和县市仲裁能够得到化解，2010～2016年县乡村三级受理纠纷当年调处率基本保持在88%左右。

四是诉讼解决。当事人不愿协商、调解，或者通过协商、调解方式不能解决纠纷，也不愿进行仲裁或仲裁不成的，可以直接向人民法院起诉。即农村土地承包经营纠纷发生后，当事人可以不经协商、调解或者仲裁，直接通过诉讼方式保护自己的土地承包经营权。当事人不服仲裁裁决的，可以自收到裁决书之日起三十日内向人民法院起诉。

需要注意的是，土地管理法第十四条规定："土地所有权和使用权争议，由当事人协商解决；协商不成的，由人民政府处理。单位之间的争议，由县级以上人民政府处理；个人之间、个人与单位之间的争议，由乡级人民政府或者县级以上人民政府处理。当事人对有关人民政府的处理决定不服的，可以自接到处理决定通知之日起三十日内，向人民法院起诉。在土地所有权和使用权争议解决前，任何一方不得改变土地利用现状。”因此，承包地发生权属争议的，应当依照土地管理法的规定处理。

## 二、侵害土地承包经营权、土地经营权的民事责任

农村土地承包法第五十六条规定：“任何组织和个人侵害土地承包经营权、土地经营权的，应当承担民事责任。”

1986 年制定的民法通则第八十条第二款规定：“公民、集体依法对集体所有的或者国家所有由集体使用的土地的承包经营权，受法律保护。”明确农民的土地承包经营权是农民的财产权利。此后的多部法律反复强调，农民的土地承包经营权受法律保护。2007 年制定的物权法，将土地承包经营权作为用益物权进行物权属性保护，物权最重要的特征就是直接支配性和保护之绝对性，排除一切人的干涉和侵害。

农村土地承包法第六条强调，国家保护承包方的土地承包经营权，任何组织和个人不得侵犯。同时，土地经营权源于土地承包经营权流转中的“三权分置”，土地经营权人的合法权益，也应当受到保护。这次修改农村土地承包法，专门设置土地经营权一节，规定土地经营权的权利

和义务，严格保护权利人的合法权益。

1. 侵害土地承包经营权，就是侵害承包方对承包地的使用和收益的权利，自主组织生产经营和处置产品的权利，依法互换、转让土地承包经营权的权利，依法流转土地经营权的权利，承包地被依法征收、征用、占用时获得相应补偿的权利，依法继承的权利等。

侵害土地承包经营权的行为包括侵占、毁损承包地，也包括剥夺土地承包经营权以及非法干预、阻碍、妨害承包方依法行使土地承包经营权。农村土地承包法第五十七条列举了发包方侵害承包方土地承包经营权的 8 种典型行为。

侵害土地经营权，就是侵害土地经营权人在合同约定的期限内占有农村土地，自主开展农业生产经营并取得收益的权利，依法登记、流转、融资担保的权利等。如有约定，土地被依法征收、征用、占用时还有获得补偿的权利。侵害土地经营权的行为包括强迫或者阻碍土地经营权流转，也包括单方任意解除土地经营权流转合同等。

2. 依照民法总则，承担民事责任的方式一共有 11 种，同时，侵权责任法规定了承担侵权责任的方式一共有 8 种。一般认为“修理、重作、更换”“支付违约金”“继续履行”是典型的合同责任形式，“消除影响、恢复名誉”与

“赔礼道歉”是适用于侵害人身权利的责任形式。侵害土地承包经营权、土地经营权是一种侵害财产权的行为，适用于民法通则和侵权责任法。承担责任方式有停止侵害、排除妨碍、消除危险、返还财产、恢复原状、赔偿损失6种方式，这6种方式也与农村土地承包法第五十七条的规定相一致。以上承担民事责任的方式，可以单独适用，也可以合并适用。

需要说明的是，判断是否侵害土地承包经营权、土地经营权，有关组织与个人的动机并不影响其对土地承包经营权、土地经营权的侵害事实。如有些农村集体经济组织或者村民委员会、乡（镇）政府，为发展农业产业化经营，干涉农民的生产经营自主权，结果可能并没有给农民造成实际的经济损失，但这实质上也是对土地承包经营权的一种侵害，承包方要求停止侵害的，有关组织应当立即停止，有关的仲裁机构与人民法院也应当支持承包方的主张。

## 三、发包方侵害土地承包经营权承担的民事责任

农村土地承包法第五十七条规定：“发包方有下列行为之一的，应当承担停止侵害、排除妨碍、消除危险、返还财产、恢复原状、赔偿损失等民事责任：（一）干涉承包方依法享有的生产经营自主权；（二）违反本法规定收

回、调整承包地；（三）强迫或者阻碍承包方进行土地承包经营权的互换、转让或者土地经营权流转；（四）假借少数服从多数强迫承包方放弃或者变更土地承包经营权；（五）以划分‘口粮田’和‘责任田’等为由收回承包地搞招标承包；（六）将承包地收回抵顶欠款；（七）剥夺、侵害妇女依法享有的土地承包经营权；（八）其他侵害土地承包经营权的行为。”

1. 发包方违反农村土地承包法及相关法律的规定，侵害承包方的合法权利，承包方可以请求发包方承担相应的责任。该条根据实践中经常发生的发包方侵害承包方土地承包经营权的情况，规定了 8 种法定情形。

一是干涉承包方依法享有的生产经营自主权。承包方依照农村土地承包法第十七条第一项的规定，依法享有承包地使用、收益的权利，有权自主组织生产经营和处置产品，这是承包方生产经营自主权的基本内容。实践中发包方干涉承包方生产经营自主权的行为通常表现为：强制种植规定品种、指定使用农业投入品、指定产品销售渠道、截留产品销售收入等。

二是违反农村土地承包法的规定收回、调整承包地。根据农村土地承包法第二十七条、第二十八条的规定，在承包期内，未发生法律规定的事由，并经法定程序，发包方不得收回或者调整承包地。这是农村土地承包法赋予农民长期而有保障的土地使用权的核心内容。发包方违反规定收回、调整承包地，可以说是对土地承包经营权的最大侵害。以其他方式承包的，由于当事人的权利和义务为承包方与发包方协商一致后的约定，发包方违反承包合同的约定擅自收回、调整承包地的，承包方也可以依法请求发包方承担本条规定的侵权责任。

三是强迫或者阻碍承包方进行土地承包经营权互换、转让或者土地经营权流转。根据农村土地承包法的有关规定，承包方取得的土地承包经营权依法互换、转让并且自主决定依法流转土地经营权，是承包方的一项重要权利。土地承包经营权的互换、转让一般可以看作承包户之间一种特殊形式的土地流转。虽然农村土地承包法将互换、转让和流转作了严格区分，但是实际上他们都包含有土地经营权的权利变更。在坚持以家庭承包经营为基础、统分结合的双层经营体制的农村基本经营制度的条件下，随着富余劳动力转移到城镇就业，以市场方式配置农村土地资源，是提高农业生产效率、保障国家粮食安全的一个有效路径。但是，土地流转必须是平等自愿的。

四是假借少数服从多数强迫承包方放弃或者变更土地承包经营权。为了防止一些地方通过集体经济组织或者村民自治组织操纵成员会议或者村民大会（代表会议），以少数服从多数的形式，对承包土地进行调整或者以“反租倒包”形式流转等不正常现象出现，将这种典型的侵权方式进行列举。

五是以划分“口粮田”和“责任田”等为由收回承包地搞招标承包。实践证明，“两田制”不是发展农业生产和农村经济的好办法，“责任田”高价招标承包是对农民承包土地权利的侵害，同时带来了基层干部以权谋私等负面影响，因此必须予以禁止。

六是将承包地收回抵顶欠款。化解基层组织的债务负担主要应当通过发展生产、增加农民收入和集体积累来解决，不能以收回承包地的办法抵顶欠款。

七是剥夺、侵害妇女依法享有的土地承包经营权。男女平等是宪法原则，农村土地承包法第六条规定，农村土地承包，妇女与男子享有平等的权利。剥夺、侵害妇女土地承包经营权的行为表现形式很多，如妇女出嫁后未在嫁入地取得承包地前，收回其承包地，非法剥夺妇女的继承权等。

八是其他侵害土地承包经营权的行为。这是一个兜底条款，表明除上述7项典型的侵权行为外发包方的其他任何侵害土地承包经营权的行为，都应当承担相应的民事责任。

2. 本条除列举了侵害行为的典型方式外，还列举了承担民事责任的几种方式。

一是停止侵害。是指土地承包经营权、土地经营权被侵害的承包方有权请求发包方停止或者请求农村土地承包仲裁机构、人民法院责令发包方停止正在实施的侵权行为。这种方式能够及时制止侵害土地承包经营权或土地经营权的行为，防止损害后果的发生或者扩大。

二是排除妨碍。是指发包方干涉、阻碍、妨害承包方行使土地承包经营权、土地经营权时，承包方有权请求发包方或请求农村土地承包仲裁机构、人民法院责令发包方排除其对承包方行使权利的障碍。如发包方为阻止承包方耕作而设置障碍、停供水电等，即应以这种方式承担民事责任。

三是消除危险。是指发包方侵害土地承包经营权、土地经营权的行为对承包方的财产安全造成威胁，或者存在损害承包方财产的可能，承包方有权请求发包方或者请求农村土地承包仲裁机构、人民法院责令发包方，采取有效措施，停止具有危险因素的行为或者消除损害可能。

四是返还财产。是指发包方非法占有承包方的承包地或其他财产，承包方有权请求发包方或者请求农村土地承包仲裁机构、人民法院责令发包方将非法占有的承包地或其他财产返还承包方。一般认为，返还时应当将非法占有期间财产的孳息同时返还。

五是恢复原状。是指土地承包经营权、土地经营权受到侵害的承包方，有权请求发包方或者请求农村土地承包仲裁机构、人民法院责令发包方，将受到损坏的财产恢复到原来状态。如发包方因强迫承包方种植某种作物，将承包方已经种植的其他作物毁坏，承包方就可以请求发包方承担为其重新种植原有作物的责任。承担恢复原状的责任，要具有可能性和必要性，重新种植必须不违农时，才具有实际的意义。

六是赔偿损失。是指发包方侵害土地承包经营权、土地经营权的行为给承包方造成财产损失的，承包方有权请求发包方或者请求农村土地承包仲裁机构、人民法院责令发包方以其财产赔偿承包方所受的损失。

## 四、承包合同中违背意愿的内容无效

农村土地承包法第五十八条规定："承包合同中违背承包方意愿或者违反法律、行政法规有关不得收回、调整承包地等强制性规定的约定无效。"

农村土地承包合同是确立家庭承包的土地承包经营权和其他方式承包的土地经营权的合同，是一种民事法律行为，承包方与发包方的权利义务应当在依照法律、行政法规的基础上来设定。对家庭承包而言，农村土地承包法规定了承包方、发包方的权利和义务，承包合同不得违反。以招标、拍卖、公开协商等其他方式承包的，承包合同条款应当是双方当事人依法协商一致的结果。承包过程中，一般是发包方比承包方处于优势地位，可能采取多种手段要求承包方签订违背真实意愿、约定不公平条款的合同。民法总则规定，民事法律行为有效应当具备“意思表示真实”、“不违反法律、行政法规的强制性规定，不违背公序良俗”等条件，不具备这些条件的民事法律行为是无效或者可撤销的民事法律行为。为保护承包方的合法权益，本条规定，承包合同中违背承包方意愿的约定无效，违反法律、行政法规有关不得收回、调整承包地等强制性规定的约定无效。需要指出的是，本条规定承包合同的无效条款，属于部分无效的规定。承包合同部分条款无效，并不影响其他条款的效力。承包方依然可以依据承包合同取得相应的土地承包经营权。

## 五、承担违约责任的法律适用

农村土地承包法第五十九条规定：“当事人一方不履行合同义务或者履行义务不符合约定的，应当依法承担违约责任。”

依法成立的合同，对双方当事人均具有法律约束力，合同法设专章规定了违约责任，共16条。根据合同法第一百零七条的规定，当事人一方不履行合同义务或者履行合同义务不符合约定的，应当承担继续履行、采取补救措施或者赔偿损失等违约责任。当然，具有不可抗力等法定免责事由除外。

对家庭承包中发包方和承包方的义务，农村土地承包法第十五条规定了发包方的五项法定义务，第十八条规定了承包方的三项法定义务，第二十二条还规定，承包方与发包方签订书面承包合同时可以约定违约责任。以招标、拍卖、公开协商等其他方式承包的，第四十九条规定，承包方与发包方的权利和义务由双方协商确定。不论家庭承包还是其他方式承包，当事人都应当认真、彻底地履行自己的义务。当事人不能按规定履行义务，应当按照本条规定承担相应的违约责任。

对家庭承包合同，发包方的违约行为同时也可以构成侵害土地承包经营权、土地经营权的行为。但农村土地承包法第十五条规定的发包方的五项法定义务中，违反“维护承包方的土地承包经营权，不得非法变更、解除承包合同”和“尊重承包方的生产经营自主权，不得干涉承包方依法进行正常的生产经营活动”两项规定的行为，依第五十七条的规定应当承担侵权责任，不适用于本条规定。违反其他三项规定的，承包方可以适用合同法第一百二十二条的规定，因当事人一方的违约行为，侵害对方人身、财产权益的，受损害方有权选择依照本法要求其承担违约责任或者依照其他法律要求其承担侵权责任。因此，承包方选择请求发包方承担侵权责任的，按农村土地承包法第五十七条的规定处理；选择请求承担违约责任的，按本条规定处理。

以招标、拍卖、公开协商等其他方式承包的承包合同，由于当事人的权利义务均为双方协商一致的结果，当事人的违约行为应当适用本条规定承担责任。当然，对于发包方同时也可能构成农村土地承包法第五十七条规定的侵害土地承包权的行为，承包方也可以适用合同法第一百二十二条的规定，来选择是否请求发包方承担侵权责任。

## 六、强迫互换、转让或者流转无效

农村土地承包法第六十条规定："任何组织和个人强迫进行土地承包经营权互换、转让或者土地经营权流转的，该互换、转让或者流转无效。"

农村土地承包法第五十七条规定了发包方强迫承包方进行土地承包经营权流转、假借少数服从多数强迫承包方放弃或者变更土地承包经营权而进行土地承包经营权流转的侵权责任。第三十八条规定了土地经营权流转应当遵循依法、自愿、有偿，任何组织和个人不得强迫或者阻碍土地经营权流转的原则。本条进一步明确任何组织和个人强迫进行土地承包经营权互换、转让或者土地经营权流转的，该互换、转让或者流转无效。应当注意，本条规定的违法行为的主体是任何组织和个人，即不论是农村集体经济组织、村民自治组织、基层政府及其有关部门或者所属单位、国家公务人员、各种组织的工作人员、村民，强迫权利人（承包方、受让方）进行土地承包经营权互换、转让或者土地经营权流转的，均属无效。

强迫承包方或者受让方进行互换、转让或者流转，违背了民事法律行为应当具备的当事人“意思表示真实”的条件，所以是无效的。民法总则第一百五十条规定，一方或者第三人以胁迫手段，使对方在违背真实意思的情况下实施的民事法律行为，受胁迫方有权请求人民法院或者仲裁机构予以撤销。因此，权利人可以依法请求农村土地承包仲裁机构或人民法院撤销违法行为。

## 七、违法截留、扣缴互换、转让或者流转收益应予以退还

农村土地承包法第六十一条规定：“任何组织和个人擅自截留、扣缴土地承包经营权互换、转让或者土地经营权流转收益的，应当退还。”

农村土地承包法第十条明确规定，国家保护承包方依法、自愿、有偿流转土地经营权，并在第三十八条中将依法、自愿、有偿作为土地经营权流转应当遵循的原则。同

时，在第三十三条和第三十四条中规定了关于互换和转让的内容。据此，权利人有权依法自主进行土地承包经营权互换、转让以及土地经营权的流转，有权取得合法的流转收益。无论以法律规定的何种方式进行互换、转让或者流转，无论是自己与受让方之间直接进行还是通过有关组织、个人、中介机构进行，所得的收益都归权利人所有。任何组织和个人擅自截留、扣缴承包方应当获得的收益，是对权利人合法权益的侵害，应当依照本条规定，承担返还财产的民事责任。

## 八、非法征收、征用、占用土地或者贪污、挪用土地征收、征用补偿费用的法律责任

农村土地承包法第六十二条规定："违反土地管理法规，非法征收、征用、占用土地或者贪污、挪用土地征收、征用补偿费用，构成犯罪的，依法追究刑事责任；造成他人损害的，应当承担损害赔偿等责任。"

1. 关于非法征收、征用、占用土地的法律责任。宪法第十条第三款规定，国家为了公共利益的需要，可以依照法律规定对土地实行征收或者征用并给予补偿。土地管理法第二条第四款规定，国家为了公共利益的需要，可以依法对土地实行征收或者征用并给予补偿。可以看出，征收和征用土地是国家为了社会公共利益的需要，将集体所有

的土地转变为国有土地的一项制度。政府必须依法征收、征用土地，依法补偿被征单位。而非法占用土地，主要是指违反土地管理法律法规，未经批准占用土地的行为。

对农用地转为建设用地，应当办理农用地转用审批手续，土地管理法规定了严格的审批程序。一是永久基本农田转为建设用地的，由国务院批准。二是在土地利用总体规划确定的城市和村庄、集镇建设用地规模范围内，为实施该规划而将永久基本农田以外的农用地转为建设用地的，按土地利用年度计划分批次由原批准土地利用总体规划的机关批准。三是在已批准的农用地转用范围内，具体建设项目用地可以由市、县人民政府批准。四是在土地利用总体规划确定的城市和村庄、集镇建设用地规划范围外，将永久基本农田以外的农用地转为建设用地的，由国务院或者国务院授权的省、自治区、直辖市人民政府批准。尽管法律规定非常明确，但仍存在侵害土地合法权益的现象。因此，农村土地承包法第六十二条对此作出相关规定。

2. 关于贪污、挪用土地征收、征用补偿费用。国家实行征收、征用土地补偿制度。土地管理法第四十八条规定，征收土地应当给予公平、合理的补偿，保障被征地农民原有生活水平不降低、长远生计有保障。农村土地承包法第十七条规定，承包地被依法征收、征用、占用的，承包方有权依法获得相应的补偿。同时农村土地承包法第四十条规定，土地流转的，双方当事人可以约定土地被依法征收、征用、占用时有关补偿费的归属。

土地补偿应当属于土地所有权人和使用权人。对此土地管理法规定，侵占、挪用被征收土地单位的征地补偿费用和其他有关费用，构成犯罪的，依法追究刑事责任；尚不构成犯罪的，依法给予行政处分。

## 九、违法将承包地用于非农建设的法律责任

农村土地承包法第六十三条规定："承包方、土地经营权人违法将承包地用于非农建设的，由县级以上地方人民政府有关主管部门依法予以处罚。承包方给承包地造成永久性损害的，发包方有权制止，并有权要求赔偿由此造成的损失。"

1. 违法将承包地用于非农建设的处罚。根据农村土地承包法第十八条的规定，承包方有"维持土地的农业用途，未经依法批准不得用于非农建设"的义务。农村土地承包法第三十八条规定，土地流转"不得改变土地所有权的性质和土地的农业用途"。同时，土地管理法对农业用地转为建设用地规定了严格的转用审批程序和征地、用地批准程序。承包方未履行土地管理法规定的批准手续或者采取欺骗手段骗取批准，将承包地用于非农建设的，应当依照土地管理法的规定，由县级以上地方人民政府自然资

源行政主管部门给予处罚。

2. 给承包地造成永久性损害的法律责任。根据农村土地承包法第十八条的规定，承包方有“依法保护和合理利用土地，不得给土地造成永久性损害”的义务。农村土地承包法第三十八条规定，土地流转“不得破坏农业综合生产能力和农业生态环境”。

所谓给土地造成永久性损害，是指由于对土地的不合理耕作、掠夺式经营、建造永久性建筑物或者构筑物、取土、采矿及其他不合理使用的行为，造成土地荒漠化、盐渍化，破坏耕作层等严重破坏种植条件的情况，以一般的人力、物力难以恢复或者根本无法恢复种植条件的损害。根据本条规定，发包方发现承包方或者受让方有给承包地造成永久性损害情况的行为时，有权予以制止，并有权要求赔偿由此造成的损失。发包方制止有关行为应当依法进行，可以要求停止违法行为，也可以请求农村土地承包仲裁机构或者人民法院责令停止违法行为，当事人应当立即停止违法行为，并承担赔偿责任。

## 十、擅自改变土地用途、弃耕抛荒、给土地造成损害的法律责任

农村土地承包法第六十四条规定：“土地经营权人擅自改变土地的农业用途、弃耕抛荒连续两年以上、给土地

造成严重损害或者严重破坏土地生态环境，承包方在合理期限内不解除土地经营权流转合同的，发包方有权要求终止土地经营权流转合同。土地经营权人对土地和土地生态环境造成的损害应当予以赔偿。”

土地经营权人擅自改变土地农业用途是指土地使用人在未经依法批准的情况下，将农用地用于非农建设。农村土地承包法第三十八条规定，土地流转不得改变土地的农业用途，不得破坏农业综合生产能力和农业生态环境。土地经营权人有按照流转合同的约定，合理利用土地的义务。目前，一些工商企业等社会资本长时间、大面积租赁农户承包地。但是相关部门对违法违规用地、浪费农地资源的行为缺乏有效的防范和监管措施，防止耕地“非粮化”的手段欠缺，如果土地经营权人弃耕抛荒，浪费国家和集体的土地资源，就会对国家粮食安全产生威胁和影响。发包方作为土地所有者，在承包方怠于行使权利时，有权要求终止土地流转合同，同时，权利人有权要求赔偿对土地造成的损害。需要指出的是，本条规定发包方只是终止土地流转合同，不是收回、调整承包地。

## 十一、国家机关及其工作人员违法干涉的法律责任

农村土地承包法第六十五条规定：“国家机关及其工作人员有利用职权干涉农村土地承包经营，变更、解除承

包经营合同，干涉承包经营当事人依法享有的生产经营自主权，强迫、阻碍承包经营当事人进行土地承包经营权互换、转让或者土地经营权流转等侵害土地承包经营权、土地经营权的行为，给承包经营当事人造成损失的，应当承担损害赔偿等责任；情节严重的，由上级机关或者所在单位给予直接责任人员处分；构成犯罪的，依法追究刑事责任。”

依法行政是实现依法治国的重要任务。依法行政就是要求国家机关及其工作人员应当依法履行职权，为社会及公民提供公共服务，保障法律的实施，维护公共利益与社会秩序，防止滥用职权，侵犯公民及组织的合法权益。农村土地承包法第八条规定，国家保护集体土地所有者的合法权益，保护承包方的土地承包经营权，任何组织和个人不得侵犯。这就要求国家机关及其工作人员保护农村集体经济组织依其成员的意愿自主制定和实施承包方案，保护承包方自主决定流转土地经营权，有关国家机关及其工作人员可以就相关的政策、法律问题和实际操作程序给予指导，但不得利用职权干涉土地承包及流转，更不得变更、解除承包合同和流转合同。国家机关及其工作人员有利用职权干涉生产经营自主权，强迫、阻碍土地流转等侵害土地承包经营权的行为，就是滥用职权。根据本条规定，国家机关及其工作人员因滥用职权行为给承包方造成损失的，应当承担损害赔偿等责任。根据国家赔偿法的规定，国家赔偿以支付赔偿金为主要方式，能够返还财产或恢复原状的，予以返还财产或恢复原状。情节严重的，由上级机关或所在单位给予直接责任人员行政处分。构成犯罪的，依照刑法规定，追究直接责任人员滥用职权罪的刑事责任。

# 第五章

# 附 则

## 一、关于二轮承包的效力

农村土地承包法第六十六条规定：“本法实施前已经按照国家有关农村土地承包的规定承包，包括承包期限长于本法规定的，本法实施后继续有效，不得重新承包土地。未向承包方颁发土地承包经营权证或者林权证等证书的，应当补发证书。”

我国农村自20世纪80年代初开始普遍实行家庭承包经营。1993年起第一轮承包合同陆续到期，为了稳定和完善家庭承包经营制度，1993年中共中央、国务院发布的《关于当前农业和农村经济发展的若干政策措施》提出，在原定的耕地承包期到期之后，再延长三十年不变。为加强对各地开展二轮土地承包工作的指导，1995年5月6日国务院批转《农业部关于稳定和完善土地承包关系的意见》，1997年8月27日中办、国办又联合发出《关于进一步稳定和完善农村土地承包关系的通知》。在这些文件的指导下，各地普遍开展了第二轮土地承包工作，在第二轮土地承包中，绝大多数地区按照中央的要求将土地承包期延长了三十年，但是也有一些地方，根据当地的实际情况规定了比三十年更长的承包期。

农村土地承包法是在全国绝大多数地方已经完成二轮承包的情况下，总结各地的实践经验，根据中央有关文件的精神制定的。为保持政策的连续性和土地承包的稳定，充分考虑与已经完成的第二轮土地承包工作相衔接，防止个别地方利用农村土地承包法的制定和颁布以及修改，变更已经签订的承包合同，调整承包土地，侵犯农民的合法权益，专门对第二轮承包的效力作了规定。即农村土地承包法实施前已经按照国家有关农村土地承包的规定承包，包括承包期限长于农村土地承包法规定的，农村土地承包法实施后继续有效，不得重新承包土地。

农村土地承包法第二十四条规定，国家对耕地、林地和草地等实行统一登记，登记机构应当向承包方颁发土地承包经营权证或者林权证等证书，并登记造册，确认土地承包经营权。2007 年物权法颁布实施后，中央提出开展农村土地承包经营权登记颁证工作。2014 年中央提出，用 5 年左右时间基本完成土地承包经营权确权登记颁证工作。党的十八大以来，按照中央统一部署，截至

2017年6月底，全国已完成确权面积10.5亿亩，占二轮家庭承包耕地面积的78%。

## 二、限制预留机动地

农村土地承包法第六十七条规定："本法实施前已经预留机动地的，机动地面积不得超过本集体经济组织耕地总面积的百分之五。不足百分之五的，不得再增加机动地。本法实施前未留机动地的，本法实施后不得再留机动地。"

机动地是在第一轮承包过程中一些地方为解决人地矛盾、减少承包地调整次数或解决集体开支问题，保留的一部分由集体经济组织统一经营的土地，这部分土地不实行家庭承包。实施过程中出现了一些问题，如预留面积过大、发包过程不透明不公平、一些干部利用机动地以权谋私等，损害了农民利益，广大农民群众意见较大。因此，二轮承包时，中办、国办联合发出《关于进一步稳定和完善农村土地承包关系的通知》，明确要求对预留"机动地"必须严格控制。目前尚未留有"机动地"的地方，原则上都不应留；已留有"机动地"的地方，必须将机动地严格控制在耕地总面积5%的限额之内，并严格用于解决人地矛盾，超过的部分应按公平合理的原则分包到户。本条就是根据这一精神作出的规定。需要注意：（1）这里规定的是耕地面积，不包括草地和林地。（2）机动地不足5%的，不得再增加。（3）未预留机动地的，农村土地承包法实施后不得再留。这表明，除已留的机动地外，禁止再留机动地。

机动地的经营管理，各地做法不一，有的实行招标承包经营，有的由集体统一经营。机动地的经营情况应当向集体经济组织成员公开。实行招标承包的，机动地的发包应当合理定价、公开招标、公平竞争；集体统一经营的，收入情况应当作为村务公开的内容。绝不能将“机动地”作为干部的“自留地”“关系地”。

## 三、省级人大常委会制定实施办法

农村土地承包法第六十八条规定：“各省、自治区、直辖市人民代表大会常务委员会可以根据本法，结合本行政区域的实际情况，制定实施办法。”

立法法第七十二条规定，省、自治区、直辖市的人民代表大会及其常务委员会根据本行政区域的具体情况和实际需要，在不同宪法、法律、行政法规相抵触的前提下，可以制定地方性法规。考虑到全国各地的情况差别很大，为稳定承包关系，农村土地承包法主要针对具有共性的原则性问题作出规定，一些具体问题由各省、自治区、直辖市根据本地区的实际情况作出规定。

## 四、农村集体经济组织成员身份

农村土地承包法第六十九条规定："确认农村集体经济组织成员身份的原则、程序等，由法律、法规规定。"

鉴于土地承包经营权是农村集体经济组织成员的财产性权利，农村集体经济组织成员身份又是获得土地承包经营权的前提条件，为解决实践需要并与法律相衔接，农村土地承包法作出授权性的原则性规定，确认农村集体经济成员身份的原则、程序等，由法律、法规规定。目前，一些地方按照尊重历史、兼顾现实、群众认可的原则，统筹考虑户籍、土地承包关系等因素，进行农村集体经济组织成员身份确定工作，解决成员边界不清的问题。制定农村集体经济组织方面的立法项目已纳入第十三届全国人大常委会立法规划第三类项目，由有关部门继续研究论证。

## 五、法律实施日期

农村土地承包法第七十条规定："本法自 2003 年 3 月 1 日起施行。"

农村土地承包法采取直接规定生效日期的方法，明确规定自 2003 年 3 月 1 日起实施。农村土地承包法分别根据 2009 年 8 月 27 日第十一届全国人民代表大会常务委员会第十次会议《关于修改部分法律的决定》第一次修正，

2018 年 12 月 29 日第十三届全国人民代表大会常务委员会第七次会议《关于修改〈中华人民共和国农村土地承包法〉的决定》第二次修正。法律的两次修改都是通过修正案的形式进行的，因此法律实施日期不变。

# 附 录

## 中华人民共和国农村土地承包法

（2002 年 8 月 29 日第九届全国人民代表大会常务委员会第二十九次会议通过 根据 2009 年 8 月 27 日第十一届全国人民代表大会常务委员会第十次会议《关于修改部分法律的决定》第一次修正 根据 2018 年 12 月 29 日第十三届全国人民代表大会常务委员会第七次会议《关于修改〈中华人民共和国农村土地承包法〉的决定》第二次修正）

### 目 录

第一章 总 则
第二章 家庭承包
　第一节 发包方和承包方的权利和义务
　第二节 承包的原则和程序
　第三节 承包期限和承包合同
　第四节 土地承包经营权的保护和互换、转让
　第五节 土地经营权
第三章 其他方式的承包
第四章 争议的解决和法律责任
第五章 附 则

## 第一章　总　　则

**第一条**　为了巩固和完善以家庭承包经营为基础、统分结合的双层经营体制，保持农村土地承包关系稳定并长久不变，维护农村土地承包经营当事人的合法权益，促进农业、农村经济发展和农村社会和谐稳定，根据宪法，制定本法。

**第二条**　本法所称农村土地，是指农民集体所有和国家所有依法由农民集体使用的耕地、林地、草地，以及其他依法用于农业的土地。

**第三条**　国家实行农村土地承包经营制度。

农村土地承包采取农村集体经济组织内部的家庭承包方式，不宜采取家庭承包方式的荒山、荒沟、荒丘、荒滩等农村土地，可以采取招标、拍卖、公开协商等方式承包。

**第四条**　农村土地承包后，土地的所有权性质不变。承包地不得买卖。

**第五条**　农村集体经济组织成员有权依法承包由本集体经济组织发包的农村土地。

任何组织和个人不得剥夺和非法限制农村集体经济组织成员承包土地的权利。

**第六条**　农村土地承包，妇女与男子享有平等的权利。承包中应当保护妇女的合法权益，任何组织和个人不得剥夺、侵害妇女应当享有的土地承包经营权。

**第七条** 农村土地承包应当坚持公开、公平、公正的原则，正确处理国家、集体、个人三者的利益关系。

**第八条** 国家保护集体土地所有者的合法权益，保护承包方的土地承包经营权，任何组织和个人不得侵犯。

**第九条** 承包方承包土地后，享有土地承包经营权，可以自己经营，也可以保留土地承包权，流转其承包地的土地经营权，由他人经营。

**第十条** 国家保护承包方依法、自愿、有偿流转土地经营权，保护土地经营权人的合法权益，任何组织和个人不得侵犯。

**第十一条** 农村土地承包经营应当遵守法律、法规，保护土地资源的合理开发和可持续利用。未经依法批准不得将承包地用于非农建设。

国家鼓励增加对土地的投入，培肥地力，提高农业生产能力。

**第十二条** 国务院农业农村、林业和草原主管部门分别依照国务院规定的职责负责全国农村土地承包经营及承包经营合同管理的指导。

县级以上地方人民政府农业农村、林业和草原等主管部门分别依照各自职责，负责本行政区域内农村土地承包经营及承包经营合同管理。

乡（镇）人民政府负责本行政区域内农村土地承包经营及承包经营合同管理。

## 第二章　家庭承包

### 第一节　发包方和承包方的权利和义务

**第十三条**　农民集体所有的土地依法属于村农民集体所有的，由村集体经济组织或者村民委员会发包；已经分别属于村内两个以上农村集体经济组织的农民集体所有的，由村内各该农村集体经济组织或者村民小组发包。村集体经济组织或者村民委员会发包的，不得改变村内各集体经济组织农民集体所有的土地的所有权。

国家所有依法由农民集体使用的农村土地，由使用该土地的农村集体经济组织、村民委员会或者村民小组发包。

**第十四条**　发包方享有下列权利：

（一）发包本集体所有的或者国家所有依法由本集体使用的农村土地；

（二）监督承包方依照承包合同约定的用途合理利用和保护土地；

（三）制止承包方损害承包地和农业资源的行为；

（四）法律、行政法规规定的其他权利。

**第十五条**　发包方承担下列义务：

（一）维护承包方的土地承包经营权，不得非法变更、解除承包合同；

（二）尊重承包方的生产经营自主权，不得干涉承包方依法进行正常的生产经营活动；

（三）依照承包合同约定为承包方提供生产、技术、信息等服务；

（四）执行县、乡（镇）土地利用总体规划，组织本集体经济组织内的农业基础设施建设；

（五）法律、行政法规规定的其他义务。

**第十六条**　家庭承包的承包方是本集体经济组织的农户。

农户内家庭成员依法平等享有承包土地的各项权益。

**第十七条**　承包方享有下列权利：

（一）依法享有承包地使用、收益的权利，有权自主组织生产经营和处置产品；

（二）依法互换、转让土地承包经营权；

（三）依法流转土地经营权；

（四）承包地被依法征收、征用、占用的，有权依法获得相应的补偿；

（五）法律、行政法规规定的其他权利。

**第十八条**　承包方承担下列义务：

（一）维持土地的农业用途，未经依法批准不得用于非农建设；

（二）依法保护和合理利用土地，不得给土地造成永久性损害；

（三）法律、行政法规规定的其他义务。

## 第二节　承包的原则和程序

**第十九条**　土地承包应当遵循以下原则：

（一）按照规定统一组织承包时，本集体经济组织成员依法平等地行使承包土地的权利，也可以自愿放弃承包土地的权利；

（二）民主协商，公平合理；

（三）承包方案应当按照本法第十三条的规定，依法经本集体经济组织成员的村民会议三分之二以上成员或者三分之二以上村民代表的同意；

（四）承包程序合法。

**第二十条**　土地承包应当按照以下程序进行：

（一）本集体经济组织成员的村民会议选举产生承包工作小组；

（二）承包工作小组依照法律、法规的规定拟订并公布承包方案；

（三）依法召开本集体经济组织成员的村民会议，讨论通过承包方案；

（四）公开组织实施承包方案；

（五）签订承包合同。

## 第三节　承包期限和承包合同

**第二十一条**　耕地的承包期为三十年。草地的承包期为三十年至五十年。林地的承包期为三十年至七十年。

前款规定的耕地承包期届满后再延长三十年，草地、林地承包期届满后依照前款规定相应延长。

**第二十二条**　发包方应当与承包方签订书面承包合同。

承包合同一般包括以下条款：

（一）发包方、承包方的名称，发包方负责人和承包方代表的姓名、住所；

（二）承包土地的名称、坐落、面积、质量等级；

（三）承包期限和起止日期；

（四）承包土地的用途；

（五）发包方和承包方的权利和义务；

（六）违约责任。

**第二十三条**　承包合同自成立之日起生效。承包方自承包合同生效时取得土地承包经营权。

**第二十四条**　国家对耕地、林地和草地等实行统一登记，登记机构应当向承包方颁发土地承包经营权证或者林权证等证书，并登记造册，确认土地承包经营权。

土地承包经营权证或者林权证等证书应当将具有土地承包经营权的全部家庭成员列入。

登记机构除按规定收取证书工本费外，不得收取其他费用。

**第二十五条**　承包合同生效后，发包方不得因承办人或者负责人的变动而变更或者解除，也不得因集体经济组织的分立或者合并而变更或者解除。

**第二十六条**　国家机关及其工作人员不得利用职权干涉农村土地承包或者变更、解除承包合同。

### 第四节　土地承包经营权的保护和互换、转让

**第二十七条**　承包期内，发包方不得收回承包地。

国家保护进城农户的土地承包经营权。不得以退出土地承包经营权作为农户进城落户的条件。

承包期内，承包农户进城落户的，引导支持其按照自愿有偿原则依法在本集体经济组织内转让土地承包经营权或者将承包地交回发包方，也可以鼓励其流转土地经营权。

承包期内，承包方交回承包地或者发包方依法收回承包地时，承包方对其在承包地上投入而提高土地生产能力的，有权获得相应的补偿。

**第二十八条**　承包期内，发包方不得调整承包地。

承包期内，因自然灾害严重毁损承包地等特殊情形对

个别农户之间承包的耕地和草地需要适当调整的，必须经本集体经济组织成员的村民会议三分之二以上成员或者三分之二以上村民代表的同意，并报乡（镇）人民政府和县级人民政府农业农村、林业和草原等主管部门批准。承包合同中约定不得调整的，按照其约定。

**第二十九条**　下列土地应当用于调整承包土地或者承包给新增人口：

（一）集体经济组织依法预留的机动地；

（二）通过依法开垦等方式增加的；

（三）发包方依法收回和承包方依法、自愿交回的。

**第三十条**　承包期内，承包方可以自愿将承包地交回发包方。承包方自愿交回承包地的，可以获得合理补偿，但是应当提前半年以书面形式通知发包方。承包方在承包期内交回承包地的，在承包期内不得再要求承包土地。

**第三十一条**　承包期内，妇女结婚，在新居住地未取得承包地的，发包方不得收回其原承包地；妇女离婚或者丧偶，仍在原居住地生活或者不在原居住地生活但在新居住地未取得承包地的，发包方不得收回其原承包地。

**第三十二条**　承包人应得的承包收益，依照继承法的规定继承。

林地承包的承包人死亡，其继承人可以在承包期内继续承包。

**第三十三条** 承包方之间为方便耕种或者各自需要，可以对属于同一集体经济组织的土地的土地承包经营权进行互换，并向发包方备案。

**第三十四条** 经发包方同意，承包方可以将全部或者部分的土地承包经营权转让给本集体经济组织的其他农户，由该农户同发包方确立新的承包关系，原承包方与发包方在该土地上的承包关系即行终止。

**第三十五条** 土地承包经营权互换、转让的，当事人可以向登记机构申请登记。未经登记，不得对抗善意第三人。

### 第五节 土地经营权

**第三十六条** 承包方可以自主决定依法采取出租（转包）、入股或者其他方式向他人流转土地经营权，并向发包方备案。

**第三十七条** 土地经营权人有权在合同约定的期限内占有农村土地，自主开展农业生产经营并取得收益。

**第三十八条** 土地经营权流转应当遵循以下原则：

（一）依法、自愿、有偿，任何组织和个人不得强迫或者阻碍土地经营权流转；

（二）不得改变土地所有权的性质和土地的农业用途，不得破坏农业综合生产能力和农业生态环境；

（三）流转期限不得超过承包期的剩余期限；

（四）受让方须有农业经营能力或者资质；

（五）在同等条件下，本集体经济组织成员享有优先权。

**第三十九条**　土地经营权流转的价款，应当由当事人双方协商确定。流转的收益归承包方所有，任何组织和个人不得擅自截留、扣缴。

**第四十条**　土地经营权流转，当事人双方应当签订书面流转合同。

土地经营权流转合同一般包括以下条款：

（一）双方当事人的姓名、住所；

（二）流转土地的名称、坐落、面积、质量等级；

（三）流转期限和起止日期；

（四）流转土地的用途；

（五）双方当事人的权利和义务；

（六）流转价款及支付方式；

（七）土地被依法征收、征用、占用时有关补偿费的归属；

（八）违约责任。

承包方将土地交由他人代耕不超过一年的，可以不签订书面合同。

**第四十一条**　土地经营权流转期限为五年以上的，当事人可以向登记机构申请土地经营权登记。未经登记，不得对抗善意第三人。

**第四十二条**　承包方不得单方解除土地经营权流转合同，但受让方有下列情形之一的除外：

（一）擅自改变土地的农业用途；

（二）弃耕抛荒连续两年以上；

（三）给土地造成严重损害或者严重破坏土地生态环境；

（四）其他严重违约行为。

**第四十三条**　经承包方同意，受让方可以依法投资改良土壤，建设农业生产附属、配套设施，并按照合同约定对其投资部分获得合理补偿。

**第四十四条**　承包方流转土地经营权的，其与发包方的承包关系不变。

**第四十五条**　县级以上地方人民政府应当建立工商企业等社会资本通过流转取得土地经营权的资格审查、项目审核和风险防范制度。

工商企业等社会资本通过流转取得土地经营权的，本集体经济组织可以收取适量管理费用。

具体办法由国务院农业农村、林业和草原主管部门规定。

**第四十六条**　经承包方书面同意，并向本集体经济组织备案，受让方可以再流转土地经营权。

**第四十七条**　承包方可以用承包地的土地经营权向金融机构融资担保，并向发包方备案。受让方通过流转取得的土地经营权，经承包方书面同意并向发包方备案，可以向金融机构融资担保。

担保物权自融资担保合同生效时设立。当事人可以向登记机构申请登记；未经登记，不得对抗善意第三人。

实现担保物权时，担保物权人有权就土地经营权优先受偿。

土地经营权融资担保办法由国务院有关部门规定。

## 第三章　其他方式的承包

**第四十八条**　不宜采取家庭承包方式的荒山、荒沟、荒丘、荒滩等农村土地，通过招标、拍卖、公开协商等方式承包的，适用本章规定。

**第四十九条**　以其他方式承包农村土地的，应当签订承包合同，承包方取得土地经营权。当事人的权利和义务、承包期限等，由双方协商确定。以招标、拍卖方式承包的，承包费通过公开竞标、竞价确定；以公开协商等方式承包的，承包费由双方议定。

**第五十条**　荒山、荒沟、荒丘、荒滩等可以直接通过招标、拍卖、公开协商等方式实行承包经营，也可以将土地经营权折股分给本集体经济组织成员后，再实行承包经营或者股份合作经营。

承包荒山、荒沟、荒丘、荒滩的，应当遵守有关法律、行政法规的规定，防止水土流失，保护生态环境。

**第五十一条**　以其他方式承包农村土地，在同等条件下，本集体经济组织成员有权优先承包。

**第五十二条**　发包方将农村土地发包给本集体经济组织以外的单位或者个人承包，应当事先经本集体经济组织成员的村民会议三分之二以上成员或者三分之二以上村民代表的同意，并报乡（镇）人民政府批准。

由本集体经济组织以外的单位或者个人承包的，应当对承包方的资信情况和经营能力进行审查后，再签订承包合同。

**第五十三条**　通过招标、拍卖、公开协商等方式承包农村土地，经依法登记取得权属证书的，可以依法采取出租、入股、抵押或者其他方式流转土地经营权。

**第五十四条**　依照本章规定通过招标、拍卖、公开协商等方式取得土地经营权的，该承包人死亡，其应得的承包收益，依照继承法的规定继承；在承包期内，其继承人可以继续承包。

## 第四章　争议的解决和法律责任

**第五十五条**　因土地承包经营发生纠纷的，双方当事人可以通过协商解决，也可以请求村民委员会、乡（镇）人民政府等调解解决。

当事人不愿协商、调解或者协商、调解不成的，可以向农村土地承包仲裁机构申请仲裁，也可以直接向人民法院起诉。

**第五十六条** 任何组织和个人侵害土地承包经营权、土地经营权的，应当承担民事责任。

**第五十七条** 发包方有下列行为之一的，应当承担停止侵害、排除妨碍、消除危险、返还财产、恢复原状、赔偿损失等民事责任：

（一）干涉承包方依法享有的生产经营自主权；

（二）违反本法规定收回、调整承包地；

（三）强迫或者阻碍承包方进行土地承包经营权的互换、转让或者土地经营权流转；

（四）假借少数服从多数强迫承包方放弃或者变更土地承包经营权；

（五）以划分“口粮田”和“责任田”等为由收回承包地搞招标承包；

（六）将承包地收回抵顶欠款；

（七）剥夺、侵害妇女依法享有的土地承包经营权；

（八）其他侵害土地承包经营权的行为。

**第五十八条** 承包合同中违背承包方意愿或者违反法

律、行政法规有关不得收回、调整承包地等强制性规定的约定无效。

**第五十九条**　当事人一方不履行合同义务或者履行义务不符合约定的，应当依法承担违约责任。

**第六十条**　任何组织和个人强迫进行土地承包经营权互换、转让或者土地经营权流转的，该互换、转让或者流转无效。

**第六十一条**　任何组织和个人擅自截留、扣缴土地承包经营权互换、转让或者土地经营权流转收益的，应当退还。

**第六十二条**　违反土地管理法规，非法征收、征用、占用土地或者贪污、挪用土地征收、征用补偿费用，构成犯罪的，依法追究刑事责任；造成他人损害的，应当承担损害赔偿等责任。

**第六十三条**　承包方、土地经营权人违法将承包地用于非农建设的，由县级以上地方人民政府有关主管部门依法予以处罚。

承包方给承包地造成永久性损害的，发包方有权制止，并有权要求赔偿由此造成的损失。

**第六十四条**　土地经营权人擅自改变土地的农业用途、弃耕抛荒连续两年以上、给土地造成严重损害或者严重破坏土地生态环境，承包方在合理期限内不解除土地经营权流转合同的，发包方有权要求终止土地经营权流转合同。土地经营权人对土地和土地生态环境造成的损害应当予以赔偿。

**第六十五条**　国家机关及其工作人员有利用职权干涉农村土地承包经营，变更、解除承包经营合同，干涉承包经营当事人依法享有的生产经营自主权，强迫、阻碍承包经营当事人进行土地承包经营权互换、转让或者土地经营权流转等侵害土地承包经营权、土地经营权的行为，给承包经营当事人造成损失的，应当承担损害赔偿等责任；情节严重的，由上级机关或者所在单位给予直接责任人员处分；构成犯罪的，依法追究刑事责任。

## 第五章　附　　则

**第六十六条**　本法实施前已经按照国家有关农村土地承包的规定承包，包括承包期限长于本法规定的，本法实施后继续有效，不得重新承包土地。未向承包方颁发土地承包经营权证或者林权证等证书的，应当补发证书。

**第六十七条**　本法实施前已经预留机动地的，机动地面积不得超过本集体经济组织耕地总面积的百分之五。不足百分之五的，不得再增加机动地。

本法实施前未留机动地的，本法实施后不得再留机动地。

**第六十八条**　各省、自治区、直辖市人民代表大会常务委员会可以根据本法，结合本行政区域的实际情况，制定实施办法。

**第六十九条**　确认农村集体经济组织成员身份的原则、程序等，由法律、法规规定。

**第七十条**　本法自2003年3月1日起施行。

# 全国人民代表大会常务委员会关于修改《中华人民共和国农村土地承包法》的决定

（2018年12月29日第十三届全国人民代表大会常务委员会第七次会议通过）

第十三届全国人民代表大会常务委员会第七次会议决定对《中华人民共和国农村土地承包法》作如下修改：

一、将第一条修改为："为了巩固和完善以家庭承包经营为基础、统分结合的双层经营体制，保持农村土地承包关系稳定并长久不变，维护农村土地承包经营当事人的合法权益，促进农业、农村经济发展和农村社会和谐稳定，根据宪法，制定本法。"

二、增加一条，作为第九条："承包方承包土地后，享有土地承包经营权，可以自己经营，也可以保留土地承包权，流转其承包地的土地经营权，由他人经营。”

**三**、将第十条修改为：“国家保护承包方依法、自愿、有偿流转土地经营权，保护土地经营权人的合法权益，任何组织和个人不得侵犯。”

**四**、将第八条改为第十一条，修改为：“农村土地承包经营应当遵守法律、法规，保护土地资源的合理开发和可持续利用。未经依法批准不得将承包地用于非农建设。

“国家鼓励增加对土地的投入，培肥地力，提高农业生产能力。”

**五**、将第十一条改为第十二条，修改为：“国务院农业农村、林业和草原主管部门分别依照国务院规定的职责负责全国农村土地承包经营及承包经营合同管理的指导。

“县级以上地方人民政府农业农村、林业和草原等主管部门分别依照各自职责，负责本行政区域内农村土地承包经营及承包经营合同管理。

“乡（镇）人民政府负责本行政区域内农村土地承包经营及承包经营合同管理。”

**六**、将第十五条改为第十六条，增加一款，作为第二款：“农户内家庭成员依法平等享有承包土地的各项权益。”

**七**、将第十六条改为第十七条，修改为：“承包方享有下列权利：

“（一）依法享有承包地使用、收益的权利，有权自主组织生产经营和处置产品；

“（二）依法互换、转让土地承包经营权；

“（三）依法流转土地经营权；

“（四）承包地被依法征收、征用、占用的，有权依法获得相应的补偿；

“（五）法律、行政法规规定的其他权利。”

八、将第十七条改为第十八条，第一项修改为：“维持土地的农业用途，未经依法批准不得用于非农建设；”

九、将第二十条改为第二十一条，修改为：“耕地的承包期为三十年。草地的承包期为三十年至五十年。林地的承包期为三十年至七十年。

“前款规定的耕地承包期届满后再延长三十年，草地、林地承包期届满后依照前款规定相应延长。”

十、将第二十三条改为第二十四条，修改为：“国家对耕地、林地和草地等实行统一登记，登记机构应当向承包方颁发土地承包经营权证或者林权证等证书，并登记造册，确认土地承包经营权。

“土地承包经营权证或者林权证等证书应当将具有土地承包经营权的全部家庭成员列入。

“登记机构除按规定收取证书工本费外，不得收取其他费用。”

十一、将第二章第四节的标题修改为：“土地承包经营权的保护和互换、转让”。

**十二、**将第二十六条改为第二十七条，第二款、第三款修改为：“国家保护进城农户的土地承包经营权。不得以退出土地承包经营权作为农户进城落户的条件。

“承包期内，承包农户进城落户的，引导支持其按照自愿有偿原则依法在本集体经济组织内转让土地承包经营权或者将承包地交回发包方，也可以鼓励其流转土地经营权。”

**十三、**将第二十七条改为第二十八条，第二款中的“农业等行政主管部门”修改为“农业农村、林业和草原等主管部门”。

**十四、**将第二十八条改为第二十九条，第三项修改为：“发包方依法收回和承包方依法、自愿交回的。”

**十五、**将第二十九条改为第三十条，修改为：“承包期内，承包方可以自愿将承包地交回发包方。承包方自愿交回承包地的，可以获得合理补偿，但是应当提前半年以书面形式通知发包方。承包方在承包期内交回承包地的，在承包期内不得再要求承包土地。”

**十六、**将第四十条改为第三十三条，修改为：“承包方之间为方便耕种或者各自需要，可以对属于同一集体经济组织的土地的土地承包经营权进行互换，并向发包方备案。”

**十七、**将第四十一条改为第三十四条，修改为：“经发包方同意，承包方可以将全部或者部分的土地承包经营权转让给本集体经济组织的其他农户，由该农户同发包方确立新的承包关系，原承包方与发包方在该土地上的承包关系即行终止。”

**十八、**将第三十八条改为第三十五条，修改为：“土地承包经营权互换、转让的，当事人可以向登记机构申请登记。未经登记，不得对抗善意第三人。”

**十九、**将第二章第五节的标题修改为：“土地经营权”。

**二十、**将第三十二条和第三十四条合并为第三十六条，修改为：“承包方可以自主决定依法采取出租（转包）、入股或者其他方式向他人流转土地经营权，并向发包方备案。”

**二十一、**增加一条，作为第三十七条：“土地经营权人有权在合同约定的期限内占有农村土地，自主开展农业生产经营并取得收益。”

**二十二、**将第三十三条改为第三十八条，修改为：“土地经营权流转应当遵循以下原则：

“（一）依法、自愿、有偿，任何组织和个人不得强迫或者阻碍土地经营权流转；

“（二）不得改变土地所有权的性质和土地的农业用途，不得破坏农业综合生产能力和农业生态环境；

“（三）流转期限不得超过承包期的剩余期限；

“（四）受让方须有农业经营能力或者资质；

“（五）在同等条件下，本集体经济组织成员享有优先权。”

**二十三、**将第三十六条改为第三十九条，修改为：“土地经营权流转的价款，应当由当事人双方协商确定。流转的收益归承包方所有，任何组织和个人不得擅自截留、扣缴。”

**二十四、**将第三十七条和第三十九条第二款合并为第四十条，修改为：“土地经营权流转，当事人双方应当签订书面流转合同。

“土地经营权流转合同一般包括以下条款：

“（一）双方当事人的姓名、住所；

“（二）流转土地的名称、坐落、面积、质量等级；

“（三）流转期限和起止日期；

“（四）流转土地的用途；

“（五）双方当事人的权利和义务；

“（六）流转价款及支付方式；

“（七）土地被依法征收、征用、占用时有关补偿费的归属；

“（八）违约责任。

“承包方将土地交由他人代耕不超过一年的，可以不签订书面合同。”

**二十五、**增加一条，作为第四十一条：“土地经营权流转期限为五年以上的，当事人可以向登记机构申请土地经营权登记。未经登记，不得对抗善意第三人。”

**二十六、**增加一条，作为第四十二条：“承包方不得单方解除土地经营权流转合同，但受让方有下列情形之一的除外：

“（一）擅自改变土地的农业用途；

“（二）弃耕抛荒连续两年以上；

“（三）给土地造成严重损害或者严重破坏土地生态环境；

“（四）其他严重违约行为。”

**二十七、**增加一条，作为第四十三条：“经承包方同意，受让方可以依法投资改良土壤，建设农业生产附属、配套设施，并按照合同约定对其投资部分获得合理补偿。”

**二十八、**将第三十九条第一款改为第四十四条，修改为：“承包方流转土地经营权的，其与发包方的承包关系不变。”

**二十九、**增加一条，作为第四十五条：“县级以上地方人民政府应当建立工商企业等社会资本通过流转取得土地经营权的资格审查、项目审核和风险防范制度。

“工商企业等社会资本通过流转取得土地经营权的，本集体经济组织可以收取适量管理费用。

“具体办法由国务院农业农村、林业和草原主管部门规定。”

**三十、**增加一条，作为第四十六条：“经承包方书面同意，并向本集体经济组织备案，受让方可以再流转土地经营权。”

**三十一、**增加一条，作为第四十七条：“承包方可以用承包地的土地经营权向金融机构融资担保，并向发包方备案。受让方通过流转取得的土地经营权，经承包方书面同意并向发包方备案，可以向金融机构融资担保。

“担保物权自融资担保合同生效时设立。当事人可以向登记机构申请登记；未经登记，不得对抗善意第三人。

“实现担保物权时，担保物权人有权就土地经营权优先受偿。

“土地经营权融资担保办法由国务院有关部门规定。”

**三十二、**将第四十五条改为第四十九条，修改为：“以其他方式承包农村土地的，应当签订承包合同，承包方取得土地经营权。当事人的权利和义务、承包期限等，由双方协商确定。以招标、拍卖方式承包的，承包费通过公开竞标、竞价确定；以公开协商等方式承包的，承包费由双方议定。”

**三十三、**将第四十六条改为第五十条，第一款修改为：“荒山、荒沟、荒丘、荒滩等可以直接通过招标、拍卖、公开协商等方式实行承包经营，也可以将土地经营权折股分给本集体经济组织成员后，再实行承包经营或者股份合作经营。”

**三十四**、将第四十七条改为第五十一条，修改为：“以其他方式承包农村土地，在同等条件下，本集体经济组织成员有权优先承包。”

**三十五**、将第四十九条改为第五十三条，修改为：“通过招标、拍卖、公开协商等方式承包农村土地，经依法登记取得权属证书的，可以依法采取出租、入股、抵押或者其他方式流转土地经营权。”

**三十六**、将第五十条改为第五十四条，修改为：“依照本章规定通过招标、拍卖、公开协商等方式取得土地经营权的，该承包人死亡，其应得的承包收益，依照继承法的规定继承；在承包期内，其继承人可以继续承包。”

**三十七**、将第五十三条改为第五十六条，修改为：“任何组织和个人侵害土地承包经营权、土地经营权的，应当承担民事责任。”

**三十八**、将第五十四条改为第五十七条，修改为：“发包方有下列行为之一的，应当承担停止侵害、排除妨碍、消除危险、返还财产、恢复原状、赔偿损失等民事责任：

“（一）干涉承包方依法享有的生产经营自主权；

“（二）违反本法规定收回、调整承包地；

“（三）强迫或者阻碍承包方进行土地承包经营权的互换、转让或者土地经营权流转；

“（四）假借少数服从多数强迫承包方放弃或者变更土地承包经营权；

“（五）以划分‘口粮田’和‘责任田’等为由收回承包地搞招标承包；

“（六）将承包地收回抵顶欠款；

“（七）剥夺、侵害妇女依法享有的土地承包经营权；

“（八）其他侵害土地承包经营权的行为。”

**三十九、**将第五十六条改为第五十九条，修改为：“当事人一方不履行合同义务或者履行义务不符合约定的，应当依法承担违约责任。”

**四十、**将第五十七条改为第六十条，修改为：“任何组织和个人强迫进行土地承包经营权互换、转让或者土地经营权流转的，该互换、转让或者流转无效。”

**四十一、**将第五十八条改为第六十一条，修改为：“任何组织和个人擅自截留、扣缴土地承包经营权互换、转让或者土地经营权流转收益的，应当退还。”

**四十二、**将第六十条改为第六十三条，修改为：“承包方、土地经营权人违法将承包地用于非农建设的，由县级以上地方人民政府有关主管部门依法予以处罚。

“承包方给承包地造成永久性损害的，发包方有权制止，并有权要求赔偿由此造成的损失。”

**四十三、**增加一条，作为第六十四条：“土地经营权人擅自改变土地的农业用途、弃耕抛荒连续两年以上、给土地造成严重损害或者严重破坏土地生态环境，承包方在合理期限内不解除土地经营权流转合同的，发包方有权要求终止土地经营权流转合同。土地经营权人对土地和土地生态环境造成的损害应当予以赔偿。”

**四十四**、将第六十一条改为第六十五条，修改为：“国家机关及其工作人员有利用职权干涉农村土地承包经营，变更、解除承包经营合同，干涉承包经营当事人依法享有的生产经营自主权，强迫、阻碍承包经营当事人进行土地承包经营权互换、转让或者土地经营权流转等侵害土地承包经营权、土地经营权的行为，给承包经营当事人造成损失的，应当承担损害赔偿等责任；情节严重的，由上级机关或者所在单位给予直接责任人员处分；构成犯罪的，依法追究刑事责任。”

**四十五**、增加一条，作为第六十九条：“确认农村集体经济组织成员身份的原则、程序等，由法律、法规规定。”

**四十六**、删去第四条第一款、第三十五条、第四十二条、第四十三条、第五十二条。

本决定自2019年1月1日起施行。

《中华人民共和国农村土地承包法》根据本决定作相应修改并对条款顺序作相应调整，重新公布。

# 《中华人民共和国农村土地承包法》修订前后对照表

（条文中黑体字为对比前一栏新增加或者修改的内容，阴影为删去的内容）

| 修　改　前 | 一　审　稿 | 修　改　后 |
|---|---|---|
| **第一章　总　则** | **第一章　总　则** | **第一章　总　则** |
| **第一条**　为稳定和完善以家庭承包经营为基础、统分结合的双层经营体制，赋予农民长期而有保障的土地使用权，维护农村土地承包当事人的合法权益，促进农业、农村经济发展和农村社会稳定，根据宪法，制定本法。 | **第一条**　为稳定和完善以家庭承包经营为基础、统分结合的双层经营体制，赋予农民长期而有保障的土地使用权，维护农村土地承包**经营**当事人的合法权益，促进农业、农村经济发展和农村社会稳定，根据宪法，制定农村土地承包法。<br>**第四条第二款**　国家依法保护农村土地承包关系稳定**并长久不变**。 | **第一条**　为**了巩固**和完善以家庭承包经营为基础、统分结合的双层经营体制，**保持**农村土地承包关系稳定并长久不变，维护农村土地承包经营当事人的合法权益，促进农业、农村经济发展和农村社会**和谐**稳定，根据宪法，制定本法。 |
| **第二条**　本法所称农村土地，是指农民集体所有和国家所有依法由农民集体使用的耕地、林地、草地，以及其他依法用于农业的土地。 | **第二条**　农村土地承包法所称农村土地，是指农民集体所有和国家所有依法由农民集体使用的耕地、林地、草地，以及其他依法用于农业的土地。 | **第二条**　本法所称农村土地，是指农民集体所有和国家所有依法由农民集体使用的耕地、林地、草地，以及其他依法用于农业的土地。 |

| 修　改　前 | 一　审　稿 | 修　改　后 |
| --- | --- | --- |
| **第三条**　国家实行农村土地承包经营制度。<br>农村土地承包采取农村集体经济组织内部的家庭承包方式，不宜采取家庭承包方式的荒山、荒沟、荒丘、荒滩等农村土地，可以采取招标、拍卖、公开协商等方式承包。 | **第三条**　国家实行农村土地承包经营制度。<br>农村土地承包采取农村集体经济组织内部的家庭承包方式，不宜采取家庭承包方式的荒山、荒沟、荒丘、荒滩等农村土地，可以采取招标、拍卖、公开协商等方式承包。 | **第三条**　国家实行农村土地承包经营制度。<br>农村土地承包采取农村集体经济组织内部的家庭承包方式，不宜采取家庭承包方式的荒山、荒沟、荒丘、荒滩等农村土地，可以采取招标、拍卖、公开协商等方式承包。 |
| **第四条**　国家依法保护农村土地承包关系**的长期**稳定。<br>农村土地承包后，土地的所有权性质不变。承包地不得买卖。 | **第四条**　农村土地承包后，土地的所有权性质不变。承包地不得买卖。<br>国家依法保护农村土地承包关系稳定**并长久不变**。（第二款修改后移至第一条） | **第四条**　农村土地承包后，土地的所有权性质不变。承包地不得买卖。 |
| **第五条**　农村集体经济组织成员有权依法承包由本集体经济组织发包的农村土地。<br>任何组织和个人不得剥夺和非法限制农村集体经济组织成员承包土地的权利。 | **第五条**　农村集体经济组织**的**成员**，**有权依法承包**经营**由本集体经济组织发包的土地，**享有土地承包经营权**。<br>任何组织和个人不得剥夺和非法限制农村集体经济组织成员承包**经营**土地的权利。 | **第五条**　农村集体经济组织成员有权依法承包由本集体经济组织发包的农村土地。<br>任何组织和个人不得剥夺和非法限制农村集体经济组织成员承包土地的权利。 |

| 修改前 | 一审稿 | 修改后 |
| --- | --- | --- |
| | **非本集体经济组织的成员，除农村土地承包法第三章规定的情形外，不得承包由本集体经济组织发包的土地，不享有土地承包经营权，但是可以通过土地流转依法获得土地经营权。** | |
| | **第六条　以家庭承包方式取得的土地承包经营权在流转中分为土地承包权和土地经营权。**<br>**土地承包权是指农村集体经济组织成员依法享有的承包土地的权利。**<br>**土地经营权是指一定期限内占用承包地、自主组织生产耕作和处置产品，取得相应收益的权利。** | （删除） |
| **第六条**　农村土地承包，妇女与男子享有平等的权利。承包中应当保护妇女的合法权益，任何组织和个人不得剥夺、侵害妇女应当享有的土地承包经营权。 | **第七条**　农村土地承包，妇女与男子享有平等的权利。承包中应当保护妇女的合法权益，任何组织和个人不得剥夺、侵害妇女应当享有的土地承包经营权。 | **第六条**　农村土地承包，妇女与男子享有平等的权利。承包中应当保护妇女的合法权益，任何组织和个人不得剥夺、侵害妇女应当享有的土地承包经营权。 |

| 修 改 前 | 一 审 稿 | 修 改 后 |
|---|---|---|
| **第七条** 农村土地承包应当坚持公开、公平、公正的原则，正确处理国家、集体、个人三者的利益关系。 | **第八条** 农村土地承包应当坚持公开、公平、公正的原则，正确处理国家、集体、个人三者的利益关系。 | **第七条** 农村土地承包应当坚持公开、公平、公正的原则，正确处理国家、集体、个人三者的利益关系。 |
| **第九条** 国家保护集体土地所有者的合法权益，保护承包方的土地承包经营权，任何组织和个人不得侵犯。 | **第十条** 国家保护集体土地所有权、**土地承包权和土地经营权**，任何组织和个人不得侵犯。 | **第八条** 国家保护集体土地所有者的合法权益，**保护承包方的土地承包经营权**，任何组织和个人不得侵犯。 |
| | | **第九条 承包方承包土地后，享有土地承包经营权，可以自己经营，也可以保留土地承包权，流转其承包地的土地经营权，由他人经营。** |
| **第十条** 国家保护承包方依法、自愿、有偿地进行土地承包经营权流转。<br>（与第三十三条合并为一审稿第三十六条） | | **第十条 国家保护承包方依法、自愿、有偿流转土地经营权，保护土地经营权人的合法权益，任何组织和个人不得侵犯。** |

| 修 改 前 | 一 审 稿 | 修 改 后 |
|---|---|---|
| **第八条** 农村土地承包应当遵守法律、法规，保护土地资源的合理开发和可持续利用。未经依法批准不得将承包地用于非农建设。<br>国家鼓励农民和农村集体经济组织增加对土地的投入，培肥地力，提高农业生产能力。 | **第九条** 农村土地承包**经营**应当遵守法律、法规，保护土地资源的合理开发和可持续利用。未经依法批准不得将承包地用于非农建设。<br>国家鼓励农民和农村集体经济组织增加对土地的投入，培肥地力，提高农业生产能力。 | **第十一条** 农村土地承包经营应当遵守法律、法规，保护土地资源的合理开发和可持续利用。未经依法批准不得将承包地用于非农建设。<br>国家鼓励增加对土地的投入，培肥地力，提高农业生产能力。 |
| **第十一条** 国务院农业、林业行政主管部门分别依照国务院规定的职责负责全国农村土地承包及承包合同管理的指导。县级以上地方人民政府农业、林业等行政主管部门分别依照各自职责，负责本行政区域内农村土地承包及承包合同管理。乡（镇）人民政府负责本行政区域内农村土地承包及承包合同管理。 | **第十一条** 国务院农业、林业行政主管部门分别依照国务院规定的职责负责全国农村土地承包及承包合同管理的指导。县级以上地方人民政府农业、林业等行政主管部门分别依照各自职责，负责本行政区域内农村土地承包及承包合同管理。乡（镇）人民政府负责本行政区域内农村土地承包及承包合同管理。 | **第十二条** 国务院农业**农村**、林业**和草原**主管部门分别依照国务院规定的职责负责全国农村土地承包经营及承包经营合同管理的指导。<br>县级以上地方人民政府农业**农村**、林业**和草原**等主管部门分别依照各自职责，负责本行政区域内农村土地承包**经营**及承包**经营**合同管理。<br>乡（镇）人民政府负责本行政区域内农村土地承包**经营**及承包**经营**合同管理。 |

| 修改前 | 一审稿 | 修改后 |
| --- | --- | --- |
| **第二章　家庭承包** | **第二章　家庭承包** | **第二章　家庭承包** |
| 第一节　发包方和承包方的权利和义务 | 第一节　发包方和承包方的权利和义务 | 第一节　发包方和承包方的权利和义务 |
| **第十二条**　农民集体所有的土地依法属于村农民集体所有的，由村集体经济组织或者村民委员会发包；已经分别属于村内两个以上农村集体经济组织的农民集体所有的，由村内各该农村集体经济组织或者村民小组发包。村集体经济组织或者村民委员会发包的，不得改变村内各集体经济组织农民集体所有的土地的所有权。<br>国家所有依法由农民集体使用的农村土地，由使用该土地的农村集体经济组织、村民委员会或者村民小组发包。 | **第十二条**　农民集体所有的土地依法属于村农民集体所有的，由村集体经济组织或者村民委员会发包；已经分别属于村内两个以上农村集体经济组织的农民集体所有的，由村内各该农村集体经济组织或者村民小组发包。村集体经济组织或者村民委员会发包的，不得改变村内各集体经济组织农民集体所有的土地的所有权。<br>国家所有依法由农民集体使用的农村土地，由使用该土地的农村集体经济组织、村民委员会或者村民小组发包。 | **第十三条**　农民集体所有的土地依法属于村农民集体所有的，由村集体经济组织或者村民委员会发包；已经分别属于村内两个以上农村集体经济组织的农民集体所有的，由村内各该农村集体经济组织或者村民小组发包。村集体经济组织或者村民委员会发包的，不得改变村内各集体经济组织农民集体所有的土地的所有权。<br>国家所有依法由农民集体使用的农村土地，由使用该土地的农村集体经济组织、村民委员会或者村民小组发包。 |

| 修　改　前 | 一　审　稿 | 修　改　后 |
| --- | --- | --- |
| **第十三条**　发包方享有下列权利：<br>（一）发包本集体所有的或者国家所有依法由本集体使用的农村土地；<br>（二）监督承包方依照承包合同约定的用途合理利用和保护土地；<br>（三）制止承包方损害承包地和农业资源的行为；<br>（四）法律、行政法规规定的其他权利。 | **第十三条**　发包方享有下列权利：<br>（一）发包本集体所有的或者国家所有依法由本集体使用的农村土地；<br>（二）监督承包方依照承包合同约定的用途合理利用和保护土地；<br>（三）制止承包方损害承包地和农业资源的行为；<br>（四）法律、行政法规规定的其他权利。 | **第十四条**　发包方享有下列权利：<br>（一）发包本集体所有的或者国家所有依法由本集体使用的农村土地；<br>（二）监督承包方依照承包合同约定的用途合理利用和保护土地；<br>（三）制止承包方损害承包地和农业资源的行为；<br>（四）法律、行政法规规定的其他权利。 |
| **第十四条**　发包方承担下列义务：<br>（一）维护承包方的土地承包经营权，不得非法变更、解除承包合同；<br>（二）尊重承包方的生产经营自主权，不得干涉承包方依法进行正常的生产经营活动； | **第十四条**　发包方承担下列义务：<br>（一）维护承包方的土地承包经营权，不得非法变更、解除承包合同；<br>（二）尊重承包方的生产经营自主权，不得干涉承包方依法进行正常的生产经营活动； | **第十五条**　发包方承担下列义务：<br>（一）维护承包方的土地承包经营权，不得非法变更、解除承包合同；<br>（二）尊重承包方的生产经营自主权，不得干涉承包方依法进行正常的生产经营活动； |

| 修 改 前 | 一 审 稿 | 修 改 后 |
| --- | --- | --- |
| （三）依照承包合同约定为承包方提供生产、技术、信息等服务；<br>（四）执行县、乡（镇）土地利用总体规划，组织本集体经济组织内的农业基础设施建设；<br>（五）法律、行政法规规定的其他义务。 | （三）依照承包合同约定为承包方提供生产、技术、信息等服务；<br>（四）执行县、乡（镇）土地利用总体规划，组织本集体经济组织内的农业基础设施建设；<br>（五）法律、行政法规规定的其他义务。 | （三）依照承包合同约定为承包方提供生产、技术、信息等服务；<br>（四）执行县、乡（镇）土地利用总体规划，组织本集体经济组织内的农业基础设施建设；<br>（五）法律、行政法规规定的其他义务。 |
| **第十五条**　家庭承包的承包方是本集体经济组织的农户。 | **第十五条**　家庭承包的承包方是本集体经济组织的农户。 | **第十六条**　家庭承包的承包方是本集体经济组织的农户。<br>**农户内家庭成员依法平等享有承包土地的各项权益。** |
| **第十六条**　承包方享有下列权利：<br>（一）依法享有承包地使用、收益和土地承包经营权流转的权利，有权自主组织生产经营和处置产品；<br>（二）承包地被依法征收、征用、占用的，有权依法获得相应的补偿； | **第十六条**　承包方享有下列权利：<br>（一）依法享有承包地使用、收益和流转的权利，有权自主组织生产经营和处置产品；<br>（二）承包地被依法征收、征用、占用的，有权依法获得相应的补偿。在承包地上投入而提高土地 | **第十七条**　承包方享有下列权利：<br>（一）依法享有承包地使用、收益的权利，有权自主组织生产经营和处置产品；<br>**（二）依法互换、转让土地承包经营权；**<br>**（三）依法流转土地经营权；** |

| 修　改　前 | 一　审　稿 | 修　改　后 |
|---|---|---|
| （三）法律、行政法规规定的其他权利。<br>**第四十三条**　承包方对其在承包地上投入而提高土地生产能力的，土地承包经营权依法流转时有权获得相应的补偿。 | 生产能力的，流转土地经营权时有权依法获得相应的补偿；<br>（三）法律、行政法规规定的其他权利。 | （四）承包地被依法征收、征用、占用的，有权依法获得相应的补偿；<br>（五）法律、行政法规规定的其他权利。 |
| **第十七条**　承包方承担下列义务：<br>（一）维持土地的农业用途，不得用于非农建设；<br>（二）依法保护和合理利用土地，不得给土地造成永久性损害；<br>（三）法律、行政法规规定的其他义务。 | **第十七条**　承包方承担下列义务：<br>（一）维持土地的农业用途，不得用于非农建设；<br>（二）依法保护和合理利用土地，不得给土地造成永久性损害；<br>（三）法律、行政法规规定的其他义务。 | **第十八条**　承包方承担下列义务：<br>（一）维持土地的农业用途，**未经依法批准**不得用于非农建设；<br>（二）依法保护和合理利用土地，不得给土地造成永久性损害；<br>（三）法律、行政法规规定的其他义务。 |
| 第二节　承包的原则和程序 | 第二节　承包的原则和程序 | 第二节　承包的原则和程序 |
| **第十八条**　土地承包应当遵循以下原则：<br>（一）按照规定统一组织承包时， | **第十八条**　土地承包应当遵循以下原则：<br>（一）按照规定统一组织承包时， | **第十九条**　土地承包应当遵循以下原则：<br>（一）按照规定统一组织承包时， |

| 修　改　前 | 一　审　稿 | 修　改　后 |
|---|---|---|
| 本集体经济组织成员依法平等地行使承包土地的权利，也可以自愿放弃承包土地的权利；<br>（二）民主协商，公平合理；<br>（三）承包方案应当按照本法第十二条的规定，依法经本集体经济组织成员的村民会议三分之二以上成员或者三分之二以上村民代表的同意；<br>（四）承包程序合法。 | 本集体经济组织成员依法平等地行使承包土地的权利，也可以自愿放弃承包土地的权利；<br>（二）民主协商，公平合理；<br>（三）承包方案应当按照农村土地承包法第十三条的规定，依法经本集体经济组织成员的村民会议三分之二以上成员或者三分之二以上村民代表的同意；<br>（四）承包程序合法。 | 本集体经济组织成员依法平等地行使承包土地的权利，也可以自愿放弃承包土地的权利；<br>（二）民主协商，公平合理；<br>（三）承包方案应当按照本法第十三条的规定，依法经本集体经济组织成员的村民会议三分之二以上成员或者三分之二以上村民代表的同意；<br>（四）承包程序合法。 |
| **第十九条**　土地承包应当按照以下程序进行：<br>（一）本集体经济组织成员的村民会议选举产生承包工作小组；<br>（二）承包工作小组依照法律、法规的规定拟订并公布承包方案；<br>（三）依法召开本集体经济组织成员的村民会议，讨论通过承包方案； | **第十九条**　土地承包应当按照以下程序进行：<br>（一）本集体经济组织成员的村民会议选举产生承包工作小组；<br>（二）承包工作小组依照法律、法规的规定拟订并公布承包方案；<br>（三）依法召开本集体经济组织成员的村民会议，讨论通过承包方案； | **第二十条**　土地承包应当按照以下程序进行：<br>（一）本集体经济组织成员的村民会议选举产生承包工作小组；<br>（二）承包工作小组依照法律、法规的规定拟订并公布承包方案；<br>（三）依法召开本集体经济组织成员的村民会议，讨论通过承包方案； |

| 修　改　前 | 一　审　稿 | 修　改　后 |
| --- | --- | --- |
| （四）公开组织实施承包方案；<br>（五）签订承包合同。 | （四）公开组织实施承包方案；<br>（五）签订承包合同。 | （四）公开组织实施承包方案；<br>（五）签订承包合同。 |
| 第三节　承包期限和承包合同 | 第三节　承包期限和承包合同 | 第三节　承包期限和承包合同 |
| **第二十条**　耕地的承包期为三十年。草地的承包期为三十年至五十年。林地的承包期为三十年至七十年；特殊林木的林地承包期，经国务院林业行政主管部门批准可以延长。 | **第二十条**　耕地的承包期为三十年。草地的承包期为三十年至五十年。林地的承包期为三十年至七十年。<br>**前款规定的耕地承包期届满后再延长三十年。** | **第二十一条**　耕地的承包期为三十年。草地的承包期为三十年至五十年。林地的承包期为三十年至七十年。<br>前款规定的耕地承包期届满后再延长三十年，**草地、林地承包期届满后依照前款规定相应延长**。 |
| **第二十一条**　发包方应当与承包方签订书面承包合同。<br>承包合同一般包括以下条款：<br>（一）发包方、承包方的名称，发包方负责人和承包方代表的姓名、住所；<br>（二）承包土地的名称、坐落、面积、质量等级； | **第二十一条**　发包方应当与承包方签订书面承包合同。<br>承包合同一般包括以下条款：<br>（一）发包方、承包方的名称，发包方负责人和承包方代表的姓名、住所；<br>（二）承包土地的名称、坐落、面积、质量等级； | **第二十二条**　发包方应当与承包方签订书面承包合同。<br>承包合同一般包括以下条款：<br>（一）发包方、承包方的名称，发包方负责人和承包方代表的姓名、住所；<br>（二）承包土地的名称、坐落、面积、质量等级； |

| 修 改 前 | 一 审 稿 | 修 改 后 |
| --- | --- | --- |
| （三）承包期限和起止日期；<br>（四）承包土地的用途；<br>（五）发包方和承包方的权利和义务；<br>（六）违约责任。 | （三）承包期限和起止日期；<br>（四）承包土地的用途；<br>（五）发包方和承包方的权利和义务；<br>（六）违约责任。 | （三）承包期限和起止日期；<br>（四）承包土地的用途；<br>（五）发包方和承包方的权利和义务；<br>（六）违约责任。 |
| **第二十二条** 承包合同自成立之日起生效。承包方自承包合同生效时取得土地承包经营权。 | **第二十二条** 承包合同自成立之日起生效。承包方自承包合同生效时取得土地承包经营权。 | **第二十三条** 承包合同自成立之日起生效。承包方自承包合同生效时取得土地承包经营权。 |
| **第二十三条** 县级以上地方人民政府应当向承包方颁发土地承包经营权证或者林权证等证书，并登记造册，确认土地承包经营权。<br>颁发土地承包经营权证或者林权证等证书，除按规定收取证书工本费外，不得收取其他费用。 | **第二十三条** **国家对耕地、林地和草地等实行统一登记，具体由行政法规规定。**<br>土地承包经营权证或者林权证等证书**应当将具有土地承包权的全部家庭成员列入。** | **第二十四条** 国家对耕地、林地和草地等实行统一登记，**登记机构应当向承包方颁发土地承包经营权证或者林权证等证书，并登记造册，确认土地承包经营权。**<br>土地承包经营权证或者林权证等证书应当将具有土地承包经营权的全部家庭成员列入。<br>**登记机构除按规定收取证书工本费外，不得收取其他费用。** |

| 修改前 | 一审稿 | 修改后 |
|---|---|---|
| **第二十四条** 承包合同生效后，发包方不得因承办人或者负责人的变动而变更或者解除，也不得因集体经济组织的分立或者合并而变更或者解除。 | **第二十四条** 承包合同生效后，发包方不得因承办人或者负责人的变动而变更或者解除，也不得因集体经济组织的分立或者合并而变更或者解除。 | **第二十五条** 承包合同生效后，发包方不得因承办人或者负责人的变动而变更或者解除，也不得因集体经济组织的分立或者合并而变更或者解除。 |
| **第二十五条** 国家机关及其工作人员不得利用职权干涉农村土地承包或者变更、解除承包合同。 | **第二十五条** 国家机关及其工作人员不得利用职权干涉农村土地承包或者变更、解除承包合同。 | **第二十六条** 国家机关及其工作人员不得利用职权干涉农村土地承包或者变更、解除承包合同。 |
| 第四节 土地承包经营权的保护 | 第四节 土地承包权的保护**和转让** | 第四节 土地承包**经营**权的保护和**互换**、转让 |
| **第二十六条** 承包期内，发包方不得收回承包地。<br>承包期内，承包方全家迁入小城镇落户的，应当按照承包方的意愿，保留其土地承包经营权或者允许其依法进行土地承包经营权流转。<br>承包期内，承包方全家迁入设区的市，转为非农业户口的，应当 | **第二十六条** 承包期内，发包方不得收回承包地。<br>**维护进城务工农民的土地承包经营权，不得以退出土地承包权作为农民进城落户的条件。是否保留土地承包经营权，由农民选择而不代替农民选择。**<br>承包方全家迁入城镇落户，**纳** | **第二十七条** 承包期内，发包方不得收回承包地。<br>**国家保护**进城**农户**的土地承包经营权。不得以退出土地承包**经营**权作为农**户**进城落户的条件。<br>**承包期内，**承包**农户进城**落户的，**引导支持其按照自愿有偿原则依法在本集体经济组织内转让土地** |

| 修改前 | 一审稿 | 修改后 |
| --- | --- | --- |
| 将承包的耕地和草地交回发包方。承包方不交回的，发包方可以收回承包的耕地和草地。<br>承包期内，承包方交回承包地或者发包方依法收回承包地时，承包方对其在承包地上投入而提高土地生产能力的，有权获得相应的补偿。 | **入城镇住房和社会保障体系，丧失农村集体经济组织成员身份的，支持引导其按照国家有关规定转让土地承包权益。**<br>承包期内，承包方交回承包地或者发包方依法收回承包地时，承包方对其在承包地上投入而提高土地生产能力的，有权获得相应的补偿。 | **承包经营权或者将承包地交回发包方，也可以鼓励其流转土地经营权。**<br>承包期内，承包方交回承包地或者发包方依法收回承包地时，承包方对其在承包地上投入而提高土地生产能力的，有权获得相应的补偿。 |
| **第二十七条** 承包期内，发包方不得调整承包地。<br>承包期内，因自然灾害严重毁损承包地等特殊情形对个别农户之间承包的耕地和草地需要适当调整的，必须经本集体经济组织成员的村民会议三分之二以上成员或者三分之二以上村民代表的同意，并报乡（镇）人民政府和县级人民政府农业等行政主管部门批准。承包合同中约定不得调整的，按照其约定。 | **第二十七条** 承包期内，发包方不得调整承包地。<br>承包期内，因特殊情形**矛盾突出，**需要对个别农户之间承包的耕地和草地适当调整的，**必须坚持土地承包关系稳定、不得打乱重分的原则，**必须经本集体经济组织成员的村民会议三分之二以上成员或者三分之二以上村民代表的同意，并报乡（镇）人民政府和县级人民政府农业等行政主管部门批准。承包 | **第二十八条** 承包期内，发包方不得调整承包地。<br>承包期内，因**自然灾害严重毁损承包地等**特殊情形对个别农户之间承包的耕地和草地需要适当调整的，必须经本集体经济组织成员的村民会议三分之二以上成员或者三分之二以上村民代表的同意，并报乡（镇）人民政府和县级人民政府农业**农村、林业和草原**等主管部门批准。承包合同中约定不得调整的，按照其约定。 |

| 修改前 | 一审稿 | 修改后 |
| --- | --- | --- |
| | 合同中约定不得调整的，按照其约定。<br>**具体由省、自治区、直辖市制定地方性法规规定。** | |
| **第二十八条** 下列土地应当用于调整承包土地或者承包给新增人口：<br>（一）集体经济组织依法预留的机动地；<br>（二）通过依法开垦等方式增加的；<br>（三）承包方依法、自愿交回的。 | **第二十八条** 下列土地应当用于调整承包土地或者承包给新增人口：<br>（一）集体经济组织依法预留的机动地；<br>（二）通过依法开垦等方式增加的；<br>（三）**发包方依法收回和**承包方依法、自愿交回的。 | **第二十九条** 下列土地应当用于调整承包土地或者承包给新增人口：<br>（一）集体经济组织依法预留的机动地；<br>（二）通过依法开垦等方式增加的；<br>（三）发包方依法收回和承包方依法、自愿交回的。 |
| **第二十九条** 承包期内，承包方可以自愿将承包地交回发包方。承包方自愿交回承包地的，应当提前半年以书面形式通知发包方。承包方在承包期内交回承包地的，在承包期内不得再要求承包土地。 | **第二十九条** 承包期内，承包方可以自愿将承包地交回发包方。承包方自愿交回承包地的，**可以获得合理补偿，但是**应当提前半年以书面形式通知发包方。承包方在承包期内交回承包地的，在承包期内不得再要求承包土地。 | **第三十条** 承包期内，承包方可以自愿将承包地交回发包方。承包方自愿交回承包地的，可以获得合理补偿，但是应当提前半年以书面形式通知发包方。承包方在承包期内交回承包地的，在承包期内不得再要求承包土地。 |

| 修 改 前 | 一 审 稿 | 修 改 后 |
|---|---|---|
| **第三十条** 承包期内，妇女结婚，在新居住地未取得承包地的，发包方不得收回其原承包地；妇女离婚或者丧偶，仍在原居住地生活或者不在原居住地生活但在新居住地未取得承包地的，发包方不得收回其原承包地。 | **第三十条** 承包期内，妇女结婚，在新居住地未取得承包地的，发包方不得收回其原承包地；妇女离婚或者丧偶，仍在原居住地生活或者不在原居住地生活但在新居住地未取得承包地的，发包方不得收回其原承包地。 | **第三十一条** 承包期内，妇女结婚，在新居住地未取得承包地的，发包方不得收回其原承包地；妇女离婚或者丧偶，仍在原居住地生活或者不在原居住地生活但在新居住地未取得承包地的，发包方不得收回其原承包地。 |
| **第三十一条** 承包人应得的承包收益，依照继承法的规定继承。<br>林地承包的承包人死亡，其继承人可以在承包期内继续承包。 | **第三十一条** 承包人应得的承包收益，依照继承法的规定继承。<br>林地承包的承包人死亡，其继承人可以在承包期内继续承包。 | **第三十二条** 承包人应得的承包收益，依照继承法的规定继承。<br>林地承包的承包人死亡，其继承人可以在承包期内继续承包。 |
| **第四十条** 承包方之间为方便耕种或者各自需要，可以对属于同一集体经济组织的土地的土地承包经营权进行互换。 | **第三十二条** 承包方之间为方便耕种或者各自需要，可以对属于同一集体经济组织的**承包地**进行互换。 | **第三十三条** 承包方之间为方便耕种或者各自需要，可以对属于同一集体经济组织的**土地的土地承包经营权**进行互换，**并向发包方备案**。 |

| 修 改 前 | 一 审 稿 | 修 改 后 |
|---|---|---|
| **第四十一条** 承包方有稳定的非农职业或者有稳定的收入来源的，经发包方同意，可以将全部或者部分土地承包经营权转让给其他从事农业生产经营的农户，由该农户同发包方确立新的承包关系，原承包方与发包方在该土地上的承包关系即行终止。 | **第三十三条** 经发包方同意，承包方可以将全部或者部分**承包的土地**转让给**本集体经济组织**的其他农户，由该农户同发包方确立新的承包关系，原承包方与发包方在该土地上的承包关系即行终止。 | **第三十四条** 经发包方同意，承包方可以将全部或者部分**的土地承包经营权**转让给本集体经济组织的其他农户，由该农户同发包方确立新的承包关系，原承包方与发包方在该土地上的承包关系即行终止。 |
| **第三十八条** 土地承包经营权采取互换、转让方式流转，当事人要求登记的，应当向县级以上地方人民政府申请登记。未经登记，不得对抗善意第三人。 | **第三十四条** **承包的土地在本集体经济组织内部**互换、转让**后**，当事人要求登记的，应当向县级以上地方人民政府申请登记。未经登记，不得对抗善意第三人。 | **第三十五条** 土地承包经营权互换、转让**的**，当事人**可以**向**登记机构**申请登记。未经登记，不得对抗善意第三人。 |
| 第五节 土地承包经营权的流转 | 第五节 土地经营权**的保护和**流转 | 第五节 土地经营权 |
| **第三十二条** 通过家庭承包取得的土地承包经营权可以依法采取转包、出租、互换、转让或者其他方式流转。 | **第三十五条** 土地经营权可以依法采取出租（转包）、**入股**或者其他方式流转。 | **第三十六条** 承包方可以自主决定依法采取出租（转包）、入股或者其他方式**向他人**流转土地经营权，并向发包方备案。 |

| 修 改 前 | 一 审 稿 | 修 改 后 |
| --- | --- | --- |
| **第三十四条** 土地承包经营权流转的主体是承包方。承包方有权依法自主决定土地承包经营权是否流转和流转的方式。 | **第三十七条第一款** 承包方有权依法自主决定土地经营权是否流转和流转的方式。 | |
| | | **第三十七条 土地经营权人有权在合同约定的期限内占有农村土地，自主开展农业生产经营并取得收益。** |
| **第三十三条** 土地承包经营权流转应当遵循以下原则：<br>（一）平等协商、自愿、有偿，任何组织和个人不得强迫或者阻碍承包方进行土地承包经营权流转；<br>（二）不得改变土地所有权的性质和土地的农业用途；<br>（三）流转的期限不得超过承包期的剩余期限；<br>（四）受让方须有农业经营能力；<br>（五）在同等条件下，本集体经 | **第三十六条** 土地经营权流转应当遵循以下原则：<br>（一）依法、自愿、有偿，任何组织和个人不得强迫或者阻碍土地经营权流转；<br>（二）不得改变土地所有权的性质和土地的农业用途，**不得破坏农业综合生产能力和农业生态环境；**<br>（三）流转的期限不得超过承包期的剩余期限；<br>（四）受让方须有农业经营能力； | **第三十八条** 土地经营权流转应当遵循以下原则：<br>（一）依法、自愿、有偿，任何组织和个人不得强迫或者阻碍土地经营权流转；<br>（二）不得改变土地所有权的性质和土地的农业用途，不得破坏农业综合生产能力和农业生态环境；<br>（三）流转期限不得超过承包期的剩余期限；<br>（四）受让方须有农业经营能力 |

| 修改前 | 一审稿 | 修改后 |
| --- | --- | --- |
| 济组织成员享有优先权。<br>**第十条** 国家保护承包方依法、自愿、有偿地进行土地承包经营权流转。 | （五）在同等条件下，本集体经济组织成员享有优先权。<br>**发包方、承包方应当依法履行流转合同约定，尊重第三方依法依合同取得的权利。** | **或者资质；**<br>（五）在同等条件下，本集体经济组织成员享有优先权。 |
| **第三十四条** 土地承包经营权流转的主体是承包方。承包方有权依法自主决定土地承包经营权是否流转和流转的方式。 | **第三十七条** 承包方有权依法自主决定土地经营权是否流转和流转的方式。<br>**为提高农业生产效益，第三方经承包方或其委托代理人书面同意，并向本集体经济组织备案，承包土地的经营权可以再流转。**<br>**经承包方同意，第三方可依法投资改良土壤，建设必要的农业生产附属、配套设施，并依照合同约定对其投资部分获得合理补偿。**<br>**县级以上地方人民政府建立工商企业等社会资本流转土地经营权的资格审查、项目审核和风险防范** | （一审稿第三十七条修改后作为第三十六条、第四十六条、第四十三条、第四十五条） |

| 修改前 | 一审稿 | 修改后 |
| --- | --- | --- |
| | **制度。工商企业等社会资本流转取得土地经营权的，本集体经济组织可以收取适量管理费用。具体由国务院农业、林业行政主管部门规定。** | |
| **第三十五条** 承包期内，发包方不得单方面解除承包合同，不得假借少数服从多数强迫承包方放弃或者变更土地承包经营权，不得以划分“口粮田”和“责任田”等为由收回承包地搞招标承包，不得将承包地收回抵顶欠款。 | （删除） | （删除） |
| **第三十六条** 土地承包经营权流转的转包费、租金、转让费等，应当由当事人双方协商确定。流转的收益归承包方所有，任何组织和个人不得擅自截留、扣缴。 | **第三十八条** 土地经营权流转的转包费、租金、**股金**等由当事人双方协商确定。流转的收益**，除农村土地承包法第三十七条规定的情形外**归承包方所有，任何组织和个人不得擅自截留、扣缴。 | **第三十九条** 土地经营权流转的**价款，应当**由当事人双方协商确定。流转的收益归承包方所有，任何组织和个人不得擅自截留、扣缴。 |

| 修改前 | 一审稿 | 修改后 |
|---|---|---|
| **第三十七条** 土地承包经营权采取转包、出租、互换、转让或者其他方式流转，当事人双方应当签订书面合同。采取转让方式流转的，应当经发包方同意；采取转包、出租、互换或者其他方式流转的，应当报发包方备案。<br>土地承包经营权流转合同一般包括以下条款：<br>（一）双方当事人的姓名、住所；<br>（二）流转土地的名称、坐落、面积、质量等级；<br>（三）流转的期限和起止日期；<br>（四）流转土地的用途；<br>（五）双方当事人的权利和义务；<br>（六）流转价款及支付方式；<br>（七）违约责任。 | **第三十九条** 土地经营权采取出租（转包）、**入股**或者其他方式流转，当事人双方应当签订书面合同，**并向**发包方备案。<br>土地经营权流转合同一般包括以下条款：<br>（一）双方当事人的姓名、住所；<br>（二）流转土地的名称、坐落、面积、质量等级；<br>（三）流转的期限和起止日期；<br>（四）流转土地的用途；<br>（五）双方当事人的权利和义务；<br>（六）流转价款及支付方式；<br>（七）**土地被依法征收、征用时，地上附着物及青苗**补偿费的归属；<br>**（八）**违约责任。 | **第四十条** 土地经营权流转，当事人双方应当签订书面**流转**合同。<br>土地经营权流转合同一般包括以下条款：<br>（一）双方当事人的姓名、住所；<br>（二）流转土地的名称、坐落、面积、质量等级；<br>（三）流转期限和起止日期；<br>（四）流转土地的用途；<br>（五）双方当事人的权利和义务；<br>（六）流转价款及支付方式；<br>（七）土地被依法征收、征用、**占用**时**有关**补偿费的归属；<br>（八）违约责任。<br>承包方将土地交由他人代耕不超过一年的，可以不签订书面合同。 |

| 修　改　前 | 一　审　稿 | 修　改　后 |
| --- | --- | --- |
| | **第四十条第三款**　承包方将土地交由他人代耕不超过一年的，可以不签订书面合同。 | |
| **第三十九条**　承包方**可以**在一定期限内将部分或者全部**土地承包**经营权**转包或者出租**给第三方，承包方与发包方的承包关系不变。<br>承包方将土地交由他人代耕不超过一年的，可以不签订书面合同。 | **第四十条**　承包方在一定期限内将部分或者全部**承包土地的**经营权**流转**给第三方**后**，承包方与发包方的承包关系不变，**承包方的土地承包权不变**。<br>**第三方擅自改变承包地的农业用途、弃耕抛荒连续两年以上、给承包地造成严重损害或者严重破坏承包地生态环境的，发包方或者承包方有权要求终止土地经营权流转合同，收回土地经营权。第三方对承包地和生态环境造成的损害应当予以赔偿。**<br>承包方将土地交由他人代耕不超过一年的，可以不签订书面合同。 | （一审稿第四十条修改后作为第四十四条、第六十四条、第四十条） |

| 修　改　前 | 一　审　稿 | 修　改　后 |
| --- | --- | --- |
| **第四十二条**　承包方之间为发展农业经济，可以自愿联合将土地承包经营权入股，从事农业合作生产。 | **第四十一条**　承包方为发展农业经济，可以自愿联合将土地经营权入股从事农业合作生产**和农业产业化经营**。 | （删除） |
| **第四十三条**　承包方对其在承包地上投入而提高土地生产能力的，土地承包经营权依法流转时有权获得相应的补偿。 | （修改前第四十三条与第十六条合并为一审稿第十六条） | |
| | | **第四十一条　土地经营权流转期限为五年以上的，当事人可以向登记机构申请土地经营权登记。未经登记，不得对抗善意第三人。** |
| | | **第四十二条　承包方不得单方解除土地经营权流转合同，但受让方有下列情形之一的除外：<br>（一）擅自改变土地的农业用途；<br>（二）弃耕抛荒连续两年以上；** |

| 修改前 | 一审稿 | 修改后 |
|---|---|---|
| | | （三）给土地造成严重损害或者严重破坏土地生态环境；<br>（四）其他严重违约行为。 |
| | **第三十七条第三款** 经承包方同意，第三方可依法投资改良土壤，建设必要的农业生产附属、配套设施，并依照合同约定对其投资部分获得合理补偿。 | **第四十三条** 经承包方同意，**受让方**可**以**依法投资改良土壤，建设农业生产附属、配套设施，并**按**照合同约定对其投资部分获得合理补偿。 |
| **第三十九条第一款** 承包方可以在一定期限内将部分或者全部土地承包经营权转包或者出租给第三方，承包方与发包方的承包关系不变。 | **第四十条第一款** 承包方在一定期限内将部分或者全部**承包土地的**经营权**流转**给第三方**后**，承包方与发包方的承包关系不变，**承包方的土地承包权不变**。 | **第四十四条** 承包方流转土地经营权的，**其**与发包方的承包关系不变。 |
| | **第三十七条第四款** 县级以上地方人民政府建立工商企业等社会资本流转土地经营权的资格审查、项目审核和风险防范制度。工商企业等社会资本流转取得土地经营权 | **第四十五条** 县级以上地方人民政府**应当**建立工商企业等社会资本**通过**流转**取得**土地经营权的资格审查、项目审核和风险防范制度。<br>工商企业等社会资本**通过**流转 |

| 修改前 | 一审稿 | 修改后 |
| --- | --- | --- |
| | 的，本集体经济组织可以收取适量管理费用。具体由国务院农业、林业行政主管部门规定。 | 取得土地经营权的，本集体经济组织可以收取适量管理费用。<br>具体办法由国务院农业农村、林业和草原主管部门规定。 |
| | 第三十七条第二款　为提高农业生产效益，第三方经承包方或其委托代理人书面同意，并向本集体经济组织备案，承包土地的经营权可以再流转。 | 第四十六条　经承包方书面同意，并向本集体经济组织备案，受让方可以再流转土地经营权。 |
| | 第四十二条　承包方可以用承包土地经营权向金融机构融资担保。第三方通过流转取得的土地经营权，经承包方或其委托代理人书面同意，可以向金融机构融资担保。具体由国务院有关部门规定。 | 第四十七条　承包方可以用承包地的土地经营权向金融机构融资担保，并向发包方备案。受让方通过流转取得的土地经营权，经承包方书面同意并向发包方备案，可以向金融机构融资担保。<br>担保物权自融资担保合同生效时设立。当事人可以向登记机构申请登记；未经登记，不得对抗善意第三人。 |

| 修改前 | 一审稿 | 修改后 |
| --- | --- | --- |
| | | **实现担保物权时，担保物权人有权就土地经营权优先受偿。**<br>**土地经营权融资担保**办法由国务院有关部门规定。 |
| **第三章　其他方式的承包** | **第三章　其他方式的承包** | **第三章　其他方式的承包** |
| **第四十四条**　不宜采取家庭承包方式的荒山、荒沟、荒丘、荒滩等农村土地，通过招标、拍卖、公开协商等方式承包的，适用本章规定。 | **第四十三条**　不宜采取家庭承包方式的荒山、荒沟、荒丘、荒滩等农村土地，通过招标、拍卖、公开协商等方式承包的，适用本章规定。 | **第四十八条**　不宜采取家庭承包方式的荒山、荒沟、荒丘、荒滩等农村土地，通过招标、拍卖、公开协商等方式承包的，适用本章规定。 |
| **第四十五条**　以其他方式承包农村土地的，应当签订承包合同。当事人的权利和义务、承包期限等，由双方协商确定。以招标、拍卖方式承包的，承包费通过公开竞标、竞价确定；以公开协商等方式承包的，承包费由双方议定。 | **第四十四条**　以其他方式承包农村土地的，应当签订承包合同。当事人的权利和义务、承包期限等，由双方协商确定。以招标、拍卖方式承包的，承包费通过公开竞标、竞价确定；以公开协商等方式承包的，承包费由双方议定。 | **第四十九条**　以其他方式承包农村土地的，应当签订承包合同，**承包方取得土地经营权**。当事人的权利和义务、承包期限等，由双方协商确定。以招标、拍卖方式承包的，承包费通过公开竞标、竞价确定；以公开协商等方式承包的，承包费由双方议定。 |

| 修改前 | 一审稿 | 修改后 |
| --- | --- | --- |
| **第四十六条**　荒山、荒沟、荒丘、荒滩等可以直接通过招标、拍卖、公开协商等方式实行承包经营，也可以将土地承包经营权折股分给本集体经济组织成员后，再实行承包经营或者股份合作经营。<br>承包荒山、荒沟、荒丘、荒滩的，应当遵守有关法律、行政法规的规定，防止水土流失，保护生态环境。 | **第四十五条**　荒山、荒沟、荒丘、荒滩等可以直接通过招标、拍卖、公开协商等方式实行承包经营，也可以将土地承包经营权折股分给本集体经济组织成员后，再实行承包经营或者股份合作经营。<br>承包荒山、荒沟、荒丘、荒滩的，应当遵守有关法律、行政法规的规定，防止水土流失，保护生态环境。 | **第五十条**　荒山、荒沟、荒丘、荒滩等可以直接通过招标、拍卖、公开协商等方式实行承包经营，也可以将土地经营权折股分给本集体经济组织成员后，再实行承包经营或者股份合作经营。<br>承包荒山、荒沟、荒丘、荒滩的，应当遵守有关法律、行政法规的规定，防止水土流失，保护生态环境。 |
| **第四十七条**　以其他方式承包农村土地，在同等条件下，本集体经济组织成员享有优先承包权。 | **第四十六条**　以其他方式承包农村土地，在同等条件下，本集体经济组织成员享有优先承包权。 | **第五十一条**　以其他方式承包农村土地，在同等条件下，本集体经济组织成员有权优先承包。 |
| **第四十八条**　发包方将农村土地发包给本集体经济组织以外的单位或者个人承包，应当事先经本集体经济组织成员的村民会议三分之二以上成员或者三分之二以上村民 | **第四十七条**　发包方将农村土地发包给本集体经济组织以外的单位或者个人承包，应当事先经本集体经济组织成员的村民会议三分之二以上成员或者三分之二以上村民 | **第五十二条**　发包方将农村土地发包给本集体经济组织以外的单位或者个人承包，应当事先经本集体经济组织成员的村民会议三分之二以上成员或者三分之二以上村民 |

| 修改前 | 一审稿 | 修改后 |
|---|---|---|
| 代表的同意，并报乡（镇）人民政府批准。<br>由本集体经济组织以外的单位或者个人承包的，应当对承包方的资信情况和经营能力进行审查后，再签订承包合同。 | 代表的同意，并报乡（镇）人民政府批准。<br>由本集体经济组织以外的单位或者个人承包的，应当对承包方的资信情况和经营能力进行审查后，再签订承包合同。 | 代表的同意，并报乡（镇）人民政府批准。<br>由本集体经济组织以外的单位或者个人承包的，应当对承包方的资信情况和经营能力进行审查后，再签订承包合同。 |
| **第四十九条** 通过招标、拍卖、公开协商等方式承包农村土地，经依法登记取得土地承包经营权证或者林权证等证书的，其土地承包经营权可以依法采取转让、出租、入股、抵押或者其他方式流转。 | **第四十八条** 通过招标、拍卖、公开协商等方式承包农村土地，经依法登记取得土地承包经营权证或者林权证等证书的，其土地承包经营权可以依法采取转让、出租、入股、抵押或者其他方式流转。 | **第五十三条** 通过招标、拍卖、公开协商等方式承包农村土地，经依法登记取得**权属**证书的，可以依法采取出租、入股、抵押或者其他方式流转**土地经营权**。 |
| **第五十条** 土地承包经营权通过招标、拍卖、公开协商等方式取得的，该承包人死亡，其应得的承包收益，依照继承法的规定继承；在承包期内，其继承人可以继续承包。 | **第四十九条** 土地承包经营权通过招标、拍卖、公开协商等方式取得的，该承包人死亡，其应得的承包收益，依照继承法的规定继承；在承包期内，其继承人可以继续承包。 | **第五十四条** **依照本章规定**通过招标、拍卖、公开协商等方式取得**土地经营权**的，该承包人死亡，其应得的承包收益，依照继承法的规定继承；在承包期内，其继承人可以继续承包。 |

| 修　改　前 | 一　审　稿 | 修　改　后 |
| --- | --- | --- |
| **第四章　争议的解决和法律责任** | **第四章　争议的解决和法律责任** | **第四章　争议的解决和法律责任** |
| **第五十一条**　因土地承包经营发生纠纷的，双方当事人可以通过协商解决，也可以请求村民委员会、乡（镇）人民政府等调解解决。<br>当事人不愿协商、调解或者协商、调解不成的，可以向农村土地承包仲裁机构申请仲裁，也可以直接向人民法院起诉。 | **第五十条**　因土地承包经营发生纠纷的，双方当事人可以通过协商解决，也可以请求村民委员会、乡（镇）人民政府等调解解决。<br>当事人不愿协商、调解或者协商、调解不成的，可以向农村土地承包仲裁机构申请仲裁，也可以直接向人民法院起诉。 | **第五十五条**　因土地承包经营发生纠纷的，双方当事人可以通过协商解决，也可以请求村民委员会、乡（镇）人民政府等调解解决。<br>当事人不愿协商、调解或者协商、调解不成的，可以向农村土地承包仲裁机构申请仲裁，也可以直接向人民法院起诉。 |
| **第五十二条**　当事人对农村土地承包仲裁机构的仲裁裁决不服的，可以在收到裁决书之日起三十日内向人民法院起诉。逾期不起诉的，裁决书即发生法律效力。 | **第五十一条**　当事人对农村土地承包仲裁机构的仲裁裁决不服的，可以在收到裁决书之日起三十日内向人民法院起诉。逾期不起诉的，裁决书即发生法律效力。 | （删除） |
| **第五十三条**　任何组织和个人侵害承包方的土地承包经营权的，应当承担民事责任。 | **第五十二条**　任何组织和个人侵害承包方的土地承包经营权**或者第三方的土地经营权**的，应当承担民事责任。 | **第五十六条**　任何组织和个人侵害土地承包经营权、土地经营权的，应当承担民事责任。 |

| 修改前 | 一审稿 | 修改后 |
| --- | --- | --- |
| **第五十四条** 发包方有下列行为之一的，应当承担停止侵害、返还原物、恢复原状、排除妨害、消除危险、赔偿损失等民事责任：<br>（一）干涉承包方依法享有的生产经营自主权；<br>（二）违反本法规定收回、调整承包地；<br>（三）强迫或者阻碍承包方进行土地承包经营权流转；<br>（四）假借少数服从多数强迫承包方放弃或者变更土地承包经营权而进行土地承包经营权流转；<br>（五）以划分“口粮田”和“责任田”等为由收回承包地搞招标承包；<br>（六）将承包地收回抵顶欠款；<br>（七）剥夺、侵害妇女依法享有的土地承包经营权； | **第五十三条** 发包方有下列行为之一的，应当承担停止侵害、返还原物、恢复原状、排除妨害、消除危险、赔偿损失等民事责任：<br>（一）干涉承包方依法享有的生产经营自主权；<br>（二）违反农村土地承包法规定收回、调整承包地；<br>（三）强迫或者阻碍**承包地**流转；<br>（四）假借少数服从多数强迫承包方放弃或者变更土地承包经营权而进行**承包地**流转；<br>（五）以划分“口粮田”和“责任田”等为由收回承包地搞招标承包；<br>（六）将承包地收回抵顶欠款；<br>（七）剥夺、侵害妇女依法享有的土地承包经营权； | **第五十七条** 发包方有下列行为之一的，应当承担停止侵害、排除妨**碍**、消除危险、返还**财产**、恢复原状、赔偿损失等民事责任：<br>（一）干涉承包方依法享有的生产经营自主权；<br>（二）违反本法规定收回、调整承包地；<br>（三）强迫或者阻碍**承包方进行土地承包经营权的互换、转让或者土地经营权**流转；<br>（四）假借少数服从多数强迫承包方放弃或者变更土地承包经营权；<br>（五）以划分“口粮田”和“责任田”等为由收回承包地搞招标承包；<br>（六）将承包地收回抵顶欠款；<br>（七）剥夺、侵害妇女依法享有 |

| 修改前 | 一审稿 | 修改后 |
| --- | --- | --- |
| （八）其他侵害土地承包经营权的行为。 | （八）其他侵害土地承包经营权的行为。 | 的土地承包经营权；<br>（八）其他侵害土地承包经营权的行为。 |
| **第五十五条** 承包合同中违背承包方意愿或者违反法律、行政法规有关不得收回、调整承包地等强制性规定的约定无效。 | **第五十四条** 承包合同中违背承包方意愿或者违反法律、行政法规有关不得收回、调整承包地等强制性规定的约定无效。 | **第五十八条** 承包合同中违背承包方意愿或者违反法律、行政法规有关不得收回、调整承包地等强制性规定的约定无效。 |
| **第五十六条** 当事人一方不履行合同义务或者履行义务不符合约定的，应当依照《中华人民共和国合同法》的规定承担违约责任。 | **第五十五条** 当事人一方不履行合同义务或者履行义务不符合约定的，应当依照《中华人民共和国合同法》的规定承担违约责任。 | **第五十九条** 当事人一方不履行合同义务或者履行义务不符合约定的，应当依**法**承担违约责任。 |
| **第五十七条** 任何组织和个人强迫承包方进行土地承包经营权流转的，该流转无效。 | **第五十六条** 任何组织和个人强迫进行**承包地**流转的，该流转无效。 | **第六十条** 任何组织和个人强迫进行**土地承包经营权互换、转让或者土地经营权**流转的，该**互换、转让或者**流转无效。 |

| 修 改 前 | 一 审 稿 | 修 改 后 |
| --- | --- | --- |
| **第五十八条** 任何组织和个人擅自截留、扣缴土地承包经营权流转收益的，应当退还。 | **第五十七条** 任何组织和个人**违法**截留、扣缴**承包地**流转收益的，应当退还。 | **第六十一条** 任何组织和个人**擅自**截留、扣缴**土地承包经营权互换、转让或者土地经营权**流转收益的，应当退还。 |
| **第五十九条** 违反土地管理法规，非法征收、征用、占用土地或者贪污、挪用土地征收、征用补偿费用，构成犯罪的，依法追究刑事责任；造成他人损害的，应当承担损害赔偿等责任。 | **第五十八条** 违反土地管理法规，非法征收、征用、占用土地或者贪污、挪用土地征收、征用补偿费用，构成犯罪的，依法追究刑事责任；造成他人损害的，应当承担损害赔偿等责任。 | **第六十二条** 违反土地管理法规，非法征收、征用、占用土地或者贪污、挪用土地征收、征用补偿费用，构成犯罪的，依法追究刑事责任；造成他人损害的，应当承担损害赔偿等责任。 |
| **第六十条** 承包方违法将承包地用于非农建设的，由县级以上地方人民政府有关行政主管部门依法予以处罚。<br>承包方给承包地造成永久性损害的，发包方有权制止，并有权要求承包方赔偿由此造成的损失。 | **第五十九条** 承包方、**第三方**违法将承包地用于非农建设的，由县级以上地方人民政府有关行政主管部门依法予以处罚。<br>承包方、**第三方**给承包地造成永久性损害的，发包方有权制止，并有权要求赔偿由此造成的损失。<br>**承包方连续两年以上弃耕抛荒** | **第六十三条** 承包方、**土地经营权人**违法将承包地用于非农建设的，由县级以上地方人民政府有关主管部门依法予以处罚。<br>承包方给承包地造成永久性损害的，发包方有权制止，并有权要求赔偿由此造成的损失。 |

| 修改前 | 一审稿 | 修改后 |
| --- | --- | --- |
|  | 承包地的，发包方可以收取一定的费用，用于土地耕作；连续三年以上弃耕抛荒承包地的，发包方可以依法定程序收回承包地，重新发包。 |  |
|  | **第四十条第二款**　第三方擅自改变承包地的农业用途、弃耕抛荒连续两年以上、给承包地造成严重损害或者严重破坏承包地生态环境的，发包方或者承包方有权要求终止土地经营权流转合同，收回土地经营权。第三方对承包地和生态环境造成的损害应当予以赔偿。 | **第六十四条**　土地经营权人擅自改变土地的农业用途、弃耕抛荒连续两年以上、给土地造成严重损害或者严重破坏土地生态环境，**承包方在合理期限内不解除土地经营权流转合同的，**发包方有权要求终止土地经营权流转合同。**土地经营权人**对土地和**土地**生态环境造成的损害应当予以赔偿。 |
| **第六十一条**　国家机关及其工作人员有利用职权干涉农村土地承包，变更、解除承包合同，干涉承包方依法享有的生产经营自主权，或者强迫、阻碍承包方进行土地承 | **第六十条**　国家机关及其工作人员有利用职权干涉农村土地承包，变更、解除承包合同，干涉承包方、第三方依法享有的生产经营自主权，或者强迫、阻碍承包方、第三方进 | **第六十五条**　国家机关及其工作人员有利用职权干涉农村土地承包**经营**，变更、解除承包**经营**合同，干涉承包**经营当事人**依法享有的生产经营自主权，强迫、阻碍承包**经** |

| 修　改　前 | 一　审　稿 | 修　改　后 |
| --- | --- | --- |
| 包经营权流转等侵害土地承包经营权的行为，给承包方造成损失的，应当承担损害赔偿等责任；情节严重的，由上级机关或者所在单位给予直接责任人员行政处分；构成犯罪的，依法追究刑事责任。 | 行**承包地**流转造成损失的，应当承担损害赔偿等责任；情节严重的，由上级机关或者所在单位给予直接责任人员行政处分；构成犯罪的，依法追究刑事责任。 | **营当事人**进行**土地承包经营权互换、转让或者土地经营权**流转**等侵害土地承包经营权、土地经营权的行为，给承包经营当事人**造成损失的，应当承担损害赔偿等责任；情节严重的，由上级机关或者所在单位给予直接责任人员处分；构成犯罪的，依法追究刑事责任。 |
| **第五章　附　则** | **第五章　附　则** | **第五章　附　则** |
| **第六十二条**　本法实施前已经按照国家有关农村土地承包的规定承包，包括承包期限长于本法规定的，本法实施后继续有效，不得重新承包土地。未向承包方颁发土地承包经营权证或者林权证等证书的，应当补发证书。 | **第六十一条**　农村土地承包法实施前已经按照国家有关农村土地承包的规定承包，包括承包期限长于农村土地承包法规定的，农村土地承包法实施后继续有效，不得重新承包土地。未向承包方颁发土地承包经营权证或者林权证等证书的，应当补发证书。 | **第六十六条**　本法实施前已经按照国家有关农村土地承包的规定承包，包括承包期限长于本法规定的，本法实施后继续有效，不得重新承包土地。未向承包方颁发土地承包经营权证或者林权证等证书的，应当补发证书。 |

| 修改前 | 一审稿 | 修改后 |
| --- | --- | --- |
| **第六十三条** 本法实施前已经预留机动地的，机动地面积不得超过本集体经济组织耕地总面积的百分之五。不足百分之五的，不得再增加机动地。<br>本法实施前未留机动地的，本法实施后不得再留机动地。 | **第六十二条** 农村土地承包法实施前已经预留机动地的，机动地面积不得超过本集体经济组织耕地总面积的百分之五。不足百分之五的，不得再增加机动地。<br>农村土地承包法实施前未留机动地的，农村土地承包法实施后不得再留机动地。 | **第六十七条** 本法实施前已经预留机动地的，机动地面积不得超过本集体经济组织耕地总面积的百分之五。不足百分之五的，不得再增加机动地。<br>本法实施前未留机动地的，本法实施后不得再留机动地。 |
| **第六十四条** 各省、自治区、直辖市人民代表大会常务委员会可以根据本法，结合本行政区域的实际情况，制定实施办法。 | **第六十三条** 各省、自治区、直辖市人民代表大会常务委员会可以根据农村土地承包法，结合本行政区域的实际情况，制定实施办法。 | **第六十八条** 各省、自治区、直辖市人民代表大会常务委员会可以根据本法，结合本行政区域的实际情况，制定实施办法。 |
|  | **第六十四条 确认农村集体经济组织成员身份的原则、程序等，由法律、法规规定。** | **第六十九条** 确认农村集体经济组织成员身份的原则、程序等，由法律、法规规定。 |
| **第六十五条** 本法自2003年3月1日起施行。 | **第六十五条** 农村土地承包法自2003年3月1日起施行。 | **第七十条** 本法自2003年3月1日起施行。 |

# 关于《中华人民共和国农村土地承包法修正案（草案）》的说明

——2017 年 10 月 31 日在第十二届全国人民代表大会常务委员会第三十次会议上

全国人大农业与农村委员会副主任委员　刘振伟

委员长、各位副委员长、秘书长、各位委员：

我受全国人大农业与农村委员会委托，就《中华人民共和国农村土地承包法修正案（草案）》的有关问题作说明。

**一、修改农村土地承包法的背景**

实行以家庭承包经营为基础、统分结合的双层经营体制，是农村改革的重大成果，是我国宪法确立的农村基本经营制度。农村土地承包法自 2003 年施行以来，对稳定农村基本经营制度，赋予农民长期而有保障的土地承包经营权，增加农民收入，促进农业、农村经济健康发展和农村社会和谐稳定，发挥了重大作用。

党的十八大以来，以习近平同志为核心的党中央对稳定和完善农村基本经营制度、深化农村集体土地制度改革提出一系列方针政策。党的十九大报告明确提出第二轮土地承包到期后再延长三十年。从农业农村的现实情况看，随着富余劳动力转移到城镇就业，各类合作社、农业产业化龙头企业等新型经营主体大量涌现，土地流转面积不断扩大，规模化、集约化经营水平不断提升，呈现“家庭承包，多元经营”格局。农业产业化、水利化、机械化及科技进步等，都对完善农村生产关系提出新的要求。把实践检验行之有效的农村土地承包政策和成功经验及时转化为法律规范，是修改农村土地承包法首先要考虑的问题。适应农村生产力发展的新要求，稳定和完善适合国情的农村基本经营制度，是修改农村土地承包法的基本出发点。

2015 年，修改农村土地承包法列入第十二届全国人大常委会立法规划，由全国人大农业与农村委员会牵头，中央农办、农业部等部门参与。在修改过程中，农业与农村委员会作了广泛深入的调查研究，认真听取基层干部和农民群众的意见，先后多次征求 31 个省、自治区、直辖市和中央、国务院有关部门及专家的意见。在反复研究论证的基础上，形成了农村土地承包法修正案草案（以下简称草案）。

## 二、农村土地承包法修改的主要内容

### （一）关于“三权分置”

习近平总书记指出，“要在坚持农村土地集体所有的前提下，促使承包权和经营权分离，形成所有权、承包权、经营权三权分置，经营权流转的格局”。“三权分置”

是继家庭联产承包责任制后农村改革又一重大制度创新。目前，农村已有30%以上的承包农户在流转承包地，流转面积4.79亿亩。为此，草案规定，以家庭承包方式取得的土地承包经营权在流转中分为土地承包权和土地经营权。同时，明确了土地承包权和土地经营权的权能。土地经营权流转后，为了加强对土地承包权的保护，草案规定，承包土地的经营权流转后，承包方与发包方的承包关系不变，承包方的土地承包权不变。

为确保实行“三权分置”后不改变农地用途，草案规定，承包方连续两年以上弃耕抛荒承包地的，发包方可以收取一定的费用，用于土地耕作，连续三年以上弃耕抛荒承包地的，发包方可以依法定程序收回承包地，重新发包；土地经营权流转后第三方擅自改变承包地农业用途、弃耕抛荒两年以上、给承包地造成严重损害或者严重破坏承包地生态环境的，发包方或承包方有权要求终止土地经营权流转合同，收回土地经营权。

按照习近平总书记2016年4月25日在农村改革座谈会上关于“建立土地承包经营权登记制度”的精神，以及与民法总则、物权法、农业法等法律相衔接，草案保留了土地承包经营权概念。土地集体所有权与承包经营权是承包地处于未流转状态的一组权利，是两权分离。土地集体所有权与土地承包权、土地经营权是承包地处于流转状态的一组权利，是三权分置。

（二）关于稳定农村土地承包关系并长久不变

稳定农村土地承包关系并保持长久不变，有利于坚持和完善农村基本经营制度，坚持农村土地集体所有，坚持家庭经营基础性地位，坚持土地承包关系稳定，核心是维护农民土地权益。为此，草案规定，国家依法保护农村土地承包关系稳定并长久不变。为了给予农民稳定的土地承包经营预期，草案规定，耕地承包期届满后再延长三十年。

（三）关于承包地的个别调整

实践中，对因各种特殊情形造成人地矛盾突出的问题，一些地方尊重大多数农民意愿，因地制宜，分类施策，在坚持稳定土地承包关系的基础上，妥善解决矛盾纠纷。为进一步规范对个别农户之间承包的耕地和草地的适当调整，草案划定了红线：必须坚持土地承包关系稳定、不得打乱重分的原则；必须经本集体经济组织成员的村民会议三分之二以上成员或者三分之二以上村民代表的同意，并报乡（镇）人民政府和县级人民政府农业等行政主管部门批准。鉴于各地情况差异较大，草案授权省、自治区、直辖市制定地方性法规具体规定。

（四）关于土地经营权流转和融资担保

赋予第三方经营主体土地经营权，是完善农村基本经营制度的一个重要内容。草案规定，土地经营权可以依法采取出租（转包）、入股或者其他方式流转；第三方通过流转取得的土地经营权经承包方或其委托代理人书面同意，并向本集体经济组织备案后可以再流转。

关于土地经营权的融资担保。规范性文件规定，土地承包经营权和土地经营权都可以向金融机构抵押担保融资。鉴于实践中抵押担保融资的情况复杂，操作方式多样，加之各方面对土地经营权的性质认识分歧较大，草案使用了“融资担保”的概念，包含了抵押和质押等多种情形，既解决农民向金融机构融资缺少有效担保物的问题，又保持了与担保法等法律规定的一致性。草案规定，承包方可以用承包土地经营权向金融机构融资担保。第三方通过流转取得的土地经营权，经承包方或其委托代理人书面同意，可以向金融机构融资担保。

（五）关于土地经营权入股

为落实党的十八届三中全会提出的“允许农民以承包经营权入股发展农业产业化经营”的精神，草案增加了土地经营权可以入股从事农业产业化经营的规定。鉴于土地经营权入股发展农业产业化经营尚处于探索阶段，实践中的做法也不尽相同，为此，草案只作出原则性规定，具体可依实践发展需要再由行政法规规范。

（六）关于维护进城务工和落户农民的土地承包权益

党的十八届五中全会决定提出，维护进城落户农民土地承包权、宅基地使用权、集体收益分配权，支持引导其依法自愿有偿转让上述权益。为此，草案删除了现行法律中关于承包方全家迁入设区的市，转为非农业户口的，应将承包地交回发包方的规定。鉴于城乡人口结构的变革是一个较长的历史过程，现阶段农民进城务工、落户的情况也十分复杂，按照中央关于推进农业转移人口市民化的要求，草案规定，维护进城务工农民的土地承包经营权，不得以退出土地承包权作为农民进城落户的条件，是否保留土地承包经营权，由农民选择而不代替农民选择。承包方全家迁入城镇落户，纳入城镇住房和社会保障体系，丧失农村集体经济组织成员身份的，支持引导其按照国家有关规定转让土地承包权益，为政策适时调整留出了空间。

（七）关于保护农村妇女土地承包权益

为了更好地保护农村妇女的土地承包权益，借鉴一些地方开展土地承包经营权确权登记的做法，草案规定，土地承包经营权证或者林权证等证书应当将具有土地承包权的全部家庭成员列入，进一步明确了妇女应该享有的土地承包权益。

此外，草案还就工商企业租赁农户承包地的准入和监管、建立承包地统一登记制度等作了规定，对法律责任等有关条款作了文字修改。

《中华人民共和国农村土地承包法修正案（草案）》及以上说明是否妥当，请予审议。

# 全国人民代表大会宪法和法律委员会关于《中华人民共和国农村土地承包法修正案（草案）》修改情况的汇报

全国人民代表大会常务委员会：

十二届常委会第三十次会议对农村土地承包法修正案（草案）进行了初次审议。会后，法制工作委员会将草案印发地方人大、中央有关部门、法学教学研究机构和有关社会团体征求意见，并在中国人大网全文公布草案征求社会公众意见。法制工作委员会还到安徽、贵州、浙江、江西等地进行调研，并就草案多次与农业与农村委员会、中央农村工作领导小组办公室、农业农村部、国家林业和草原局交换意见、共同研究。宪法和法律委员会于10月9日召开会议，根据常委会组成人员的审议意见和各方面意见，对草案进行了逐条审议。农业与农村委员会、中央农村工作领导小组办公室、农业农村部、国家林业和草原局的负责同志列席了会议。10月16日，宪法和法律委员会召开会议，再次进行了审议。现将农村土地承包法修正案（草案）主要问题修改情况汇报如下：

一、落实“三权分置”改革要求。巩固和完善农村基本经营制度，深化农村土地制度改革，落实“三权分置”制度，是本次修改农村土地承包法的主要任务。在常委会初次审议和公开征求意见过程中，对草案有关“三权分置”的规定提出了一些意见，认为应当明晰“三权”的性质和相互关系，以便于理解和操作。宪法和法律委员会、法制工作委员会认真学习领会习近平总书记关于农业农村工作的重要论述，力求准确理解和把握党中央、国务院有关文件精神。宪法和法律委员会经研究认为，“三权分置”改革的核心问题是家庭承包的承包户在经营方式上发生转变，即由农户自己经营，转变为保留土地承包权，将承包地流转给他人经营，实现土地承包经营权和土地经营权的分离，农户保留土地承包权。据此，建议对草案作如下修改：一是明确农村集体经济组织成员承包土地后，享有土地承包经营权，可以自己经营，也可以保留土地承包权，流转其承包地的土地经营权，由他人经营。二是明确对土地经营权流转的保护，国家保护承包方依法、自愿、有偿流转土地经营权，保护土地经营权人的合法权益，任何组织和个人不得侵犯。三是明确土地经营权人的权利，土地经营权人有权在合同约定的期限内占有农村土地，自主开展农业生产经营并取得收益。四是明确土地经营权流转的内涵，包括明确土地经营权的流转方式、流转原则、流转价款、流转合同等具体程序和要求。

二、规定土地经营权的登记。推进“三权分置”改革，关键是要明确和保护经营主体通过流转合同取得的土地经营权，保障其经营预期。实践中，不同经营主体对土地经营权登记颁证的需求存在差异，有的经营者希望能通过登记的方式获得长期稳定的土地经营权，而有的短期经营者则认为没有必要办理登记。宪法和法律委员会经研究认为，有必要赋予土地经营当事人一定的选择权，通过建立土地经营权的登记颁证制度，合理平衡各方权利义务，同时，规范农户收回土地经营权的行为。据此，建议增加规定：“土地经营权流转期限为五年以上的，当事人可以向登记机构申请土地经营权登记。未经登记，不得对抗善意第三人。”同时，为避免承包方随意解除合同，建议增加规定，承包方不得单方解除土地经营权流转合同，但受让方有法定情形的除外。

三、土地经营权的融资担保制度。草案第二十四条规定，土地经营权可以向金融机构融资担保。有的常委委员和专家提出，土地经营权融资担保的登记及实现也需要予以明确。宪法和法律委员会经研究认为，通过赋予担保物权登记对抗效力，明确担保物权人在实现担保物权时有权以土地经营权优先受偿，有利于保护融资担保各方当事人的合法权益。建议增加两款规定：（1）“担保物权自融资担保合同生效时设立。当事人可以向登记机构申请登记；

未经登记，不得对抗善意第三人。”（2）“实现担保物权时，担保物权人有权就土地经营权优先受偿。”

**四、**关于承包期延长。有的常委委员和一些地方、部门、社会公众提出，现行农村土地承包法对耕地、林地、草地的承包期都作了规定，但是草案只对耕地承包期届满后再延长三十年作了规定，建议对林地、草地承包期届满后延期的问题也应作出规定。宪法和法律委员会经研究认为，保持农村土地承包关系长期稳定，应当包括草地和林地的承包关系。建议增加规定：“草地、林地承包期届满后依照前款规定相应延长。”

**五、**规定“其他方式的承包”取得的权利为土地经营权。现行农村土地承包法第三章规定了其他方式（即家庭承包以外的方式）的承包，主要是承包“四荒地”。有的地方和专家提出，家庭承包具有生产经营性质，也具有社会保障性质，只有本集体经济组织成员才有权承包，取得土地承包经营权。“四荒地”承包不涉及社会保障因素，承包方不限于本集体经济组织成员，其取得的权利在性质上不同于土地承包经营权。宪法和法律委员会建议采纳这一意见，对有关规定修改为：以其他方式承包农村土地的，承包方取得土地经营权。

**六、**删去承包方弃耕抛荒的有关内容。草案第二十九条第三款规定，承包方连续两年以上弃耕抛荒承包地的、发包方可以收取一定的费用，用于土地耕作；连续三年以上弃耕抛荒承包地的，发包方可以依法定程序收回承包地，重新发包。有的常委委员和部门、地方、社会公众提出，实践中弃耕抛荒的原因比较复杂，发包方可以进行督促纠正，但收取费用应当收多少、怎么收，耕作收益归谁，会产生很多问题，强行收回承包地也不利于稳定承包关系，容易引发更多纠纷。宪法和法律委员会经研究，建议删去上述内容。

还有一个问题需要汇报。草案第十条对现行法律有关承包地调整的规定作了修改，草案规定，承包期内因特殊情形矛盾突出可以个别调整承包地，必须坚持土地承包关系稳定、不得打乱重分的原则，同时授权省、自治区、直辖市制定地方性法规作出具体规定。草案说明提出，实践中，对因各种特殊情形造成人地矛盾突出的问题，一些地方尊重大多数农民意愿，因地制宜，分类施策，在坚持稳定土地承包关系的基础上，妥善解决矛盾纠纷；鉴于各地情况差异较大，可以授权省、自治区、直辖市制定地方性法规具体规定。在草案征求意见过程中，一些地方、部门、单位、专家和社会公众提出，保持农村土地承包关系稳定并长久不变是我国农村土地制度的基本原则，农村土地确权登记工作刚完成，承包期内不宜轻易调整承包地；承包地调整问题政策性很强，多年来，中央在这个问题上的政策没有变化，由地方对此作具体规定是否妥当也值得研究，建议本次修法对现行法律有关调整承包地的规定不作修改。宪法和法律委员会经慎重研究认为，这个问题比较重大，建议对这个问题作进一步深入研究，草案的规定暂不作修改。

此外，还对草案作了一些文字修改。

修正案草案二次审议稿已按上述意见作了修改，宪法和法律委员会建议提请本次常委会会议继续审议。

修正案草案二次审议稿和以上汇报是否妥当，请审议。

全国人民代表大会宪法和法律委员会

2018 年 10 月 22 日

# 全国人民代表大会宪法和法律委员会关于《中华人民共和国农村土地承包法修正案（草案）》审议结果的报告

全国人民代表大会常务委员会：

常委会第六次会议对农村土地承包法修正案（草案）进行了二次审议。会后，法制工作委员会在中国人大网全文公布草案二次审议稿征求社会公众意见。宪法和法律委员会、农业与农村委员会、法制工作委员会联合召开座谈会，听取中央有关部门、专家学者的意见。宪法和法律委员会、法制工作委员会还到广东等地进行调研，并就草案与农业与农村委员会、中央农村工作领导小组办公室、农业农村部、国家林业和草原局交换意见。宪法和法律委员会于11月30日召开会议，根据常委会组成人员的审议意见和各方面意见，对草案进行了审议，农业与农村委员会、中央农村工作领导小组办公室、农业农村部、国家林业和草原局的负责同志列席了会议。12月17日，宪法和法律委员会召开会议，再次进行审议。宪法和法律委员会认为，为了巩固和完善以家庭承包经营为基础、统分结合的双层经营体制，保持农村土地承包关系稳定并长久不变，维护农村土地承包经营当事人的合法权益，促进农业、农村经济发展和农村社会和谐稳定，对农村土地承包法进行修改是必要的，草案经过两次审议修改，已经比较成熟。同时，提出以下主要修改意见：

一、关于保护农村妇女土地承包权益。有的常委会组成人员提出，有关中央文件中强调，农户内家庭成员依法平等享有承包土地的各项权益，表明妇女享有同样的土地承包权益，对此，应当在法律中反映这一内容。宪法和法律委员会经研究，建议采纳上述意见，增加相应规定。

二、关于承包地登记的费用。现行农村土地承包法规定，颁发土地承包经营权证或者林权证等证书，除按规定收取证书工本费外，不得收取其他费用。二次审议稿删除了这一规定。有的部门、专家和社会公众提出，这一规定实践中效果很好，建议恢复。宪法和法律委员会经研究，建议采纳上述意见，增加相应规定。

**三、**关于维护进城落户农户的合法权益。草案二次审议稿规定，承包期内，承包方全家迁入城镇落户，纳入城镇住房和社会保障体系，丧失农村集体经济组织成员身份的，支持引导其按照国家有关规定转让土地承包经营权益。有的常委委员提出，应当进一步维护进城落户农户的合法权益，删除纳入社会保障体系等内容。不久前印发的中央文件对这个问题已有明确精神。据此，宪法和法律委员会建议采纳上述意见，将有关规定修改为："承包期内，承包农户进城落户的，引导支持其按照自愿有偿原则依法在本集体经济组织内转让土地承包经营权或者将承包地交回发包方，也可以鼓励其流转土地经营权。"

**四、**关于承包地的个别调整。草案二次审议稿对现行法律有关承包地个别调整的规定作了部分修改。有的常委委员和地方、部门、专家、社会公众提出，承包地个别调整问题较为复杂、敏感，建议按照保持土地承包关系稳定并长久不变的精神恢复现行法律的规定，不作修改。宪法和法律委员会经研究认为，承包地调整问题政策性很强，多年来，中央在承包地调整问题上的政策没有变化，不久前印发的中央文件对有关精神再次作了强调。因此，建议本次修法对现行法律有关调整承包地的规定不作修改，维持现有规定不变。

**五、**关于承包地经营权流转后承包方单方解除土地经营权流转合同。草案二次审议稿规定，受让方连续两年以上未按约定支付价款的，承包方可以单方解除土地经营权流转合同。有的常委委员和部门、专家提出，有合同就应当按照合同约定处理，未支付价款的情形也有轻重程度之别，不宜作统一规定。宪法和法律委员会经研究，建议采纳上述意见，删除这一规定。

此外，还对草案二次审议稿作了一些文字修改。

12月13日，法制工作委员会召开会议，邀请部分专家学者、地方农业农村主管部门、农村集体经济组织、农业经营主体、承包农户等方面的代表，就草案中主要制度规范的可行性、法律出台时机、法律实施的社会效果和可能出现的问题等进行评估。普遍认为，草案贯彻落实了党中央关于农村土地“三权分置”和保持土地承包关系稳定并长久不变等决策部署，围绕处理好农民和土地的关系这条主线，坚持农村基本经营制度不动摇，赋予农民更加充分而有保障的土地权利，给亿万农民吃下了“定心丸”，适应了土地经营权流转和适度规模经营的发展方向，符合现阶段农村实际。草案结构合理，思路清晰，具有较强的针对性和可操作性，已基本成熟，应尽早出台。与会人员还对草案提出了一些具体修改意见，有的意见已经予以采纳。

宪法和法律委员会已按上述意见提出了全国人民代表大会常务委员会关于修改《中华人民共和国农村土地承包法》的决定（草案）。宪法和法律委员会建议，修改决定草案经本次常委会会议审议通过。

修改决定草案和以上报告是否妥当，请审议。

全国人民代表大会宪法和法律委员会

2018 年 12 月 23 日

## 全国人民代表大会宪法和法律委员会关于《全国人民代表大会常务委员会关于修改〈中华人民共和国农村土地承包法〉的决定（草案）》修改意见的报告

全国人民代表大会常务委员会：

本次常委会会议于 12 月 25 日上午对《全国人民代表大会常务委员会关于修改〈中华人民共和国农村土地承包

法〉的决定（草案）》进行了分组审议，普遍认为，草案已经比较成熟，建议进一步修改后，提请本次会议表决通过。同时，有些常委会组成人员和列席人员还提出了一些修改意见。宪法和法律委员会于12月27日上午召开会议，逐条研究了常委会组成人员和列席人员的审议意见，对草案进行了审议。农业与农村委员会、农业农村部、国家林业和草原局的负责同志列席了会议。宪法和法律委员会认为，草案是可行的，同时，提出以下修改意见：

一、修改决定草案第二十四条第二款第七项规定，土地经营权流转合同包括土地被依法征收、征用时有关补偿费归属的条款。有的常委委员提出，修改决定草案第七条第四项规定了类似情况，建议统一有关表述。宪法和法律委员会经研究，建议采纳这一意见，在第七项的“征用”后增加“占用”二字。

二、修改决定草案第二十八条规定，承包方向他人流转土地经营权，不影响其依法享有的土地承包权，承包方与发包方的承包关系不变。有的常委委员提出，“不影响其依法享有的土地承包权”的规定，与修改决定草案第二条中承包方“可以保留土地承包权”的规定重复，建议删除。宪法和法律委员会经研究，建议采纳这一意见，修改为：“承包方流转土地经营权的，其与发包方的承包关系不变。”

三、修改决定草案规定“《中华人民共和国农村土地承包法》根据本决定作相应修改，重新公布”。有的常委委员提出，为了使表述更加严谨，建议在“根据本决定作相应修改”后增加“并对条款顺序作相应调整”。宪法和法律委员会经研究，建议采纳这一意见，作出相应修改。

在审议过程中，有些常委会组成人员还就法律通过后的贯彻实施提出了一些很好的意见和建议。宪法和法律委员会建议，国务院有关部门要认真研究常委会组成人员的意见，抓紧制定完善有关配套规定，做好农村土地承包法修改的宣传普及工作，加大执法力度，确保法律全面有效实施。

此外，根据常委会组成人员的审议意见，还对修改决定草案作了个别文字修改。

修改决定草案建议表决稿已按上述意见作了修改，宪法和法律委员会建议本次常委会会议审议通过。

修改决定草案建议表决稿和以上报告是否妥当，请审议。

全国人民代表大会宪法和法律委员会

2018年12月29日

# 农村土地承包经营情况

## 一、农村承包地确权登记颁证情况

2007年物权法颁布实施后，中央提出开展农村土地承包经营权确权登记颁证工作，健全土地承包经营权确权登记制度。2014年11月中央出台的《关于引导农村土地经营权有序流转发展农业适度规模经营的意见》明确要求，“用5年左右时间基本完成土地承包经营权确权登记颁证工作”。2017年中央1号文件又进一步提出“加快推进农村承包地确权登记颁证，扩大整省试点范围”。

党的十八大以来，按照中央统一部署，各地各部门继续加大工作力度，加快推进农村承包地确权登记颁证工作，整体进展顺利。截至2017年6月底，全国2705个县、3.3万个乡镇、53.4万个村开展了土地承包经营权确权登记颁证工作，已完成确权面积10.5亿亩，占二轮家庭承包耕地面积的78%。山东、宁夏、安徽、四川、江西5省（区）已向党中央国务院报告基本完成，其他进展较快省份也正处于紧张收尾阶段。从试点情况看，取得了明显成效：一是摸清了承包地底数。基本解决了承包地块面积不准等历史遗留问题，特别是西部省区和一些山区，原来承包地账面面积和实际面积出入较大，通过这次确权搞清了家底，如宁夏确权面积比二轮承包合同面积增加了近 40%，江西确权面积较二轮承包合同面积增加了 16%。二是让承包农户吃上了“定心丸”。这次确权采用先进测绘技术，将承包地的位置、大小、坐标等信息详细记录在案，并附有清晰的地块示意图，许多农民群众拿到证书后感觉心里踏实。三是促进了土地经营权的流转抵押。原有的承包地权属不清，不少农民不敢流转。确权后他们敢于长期流转，放心进城打工，促进了农地规模经营形成。此外，确权后可以使农民和新型农业经营主体便于开展抵押融资，提升农业投资动力。如吉林省延边州从 2014 年到目前共发放了 5000 多笔土地经营权抵押贷款，累计融资 13 亿元。四是推动了农业人口城镇化进程。中央近年来多次强调不能以退出土地承包权作为进城落户的前提条件。这次确权使农民群众感受到自己的承包地权益更加有保障了，打消了他们进城落户的顾虑。

下一步，农村承包地确权登记颁证工作将以加快推进为目标，以汇交数据为重点，以实地督导为手段，切实做好以下工作：一是加快推进试点进展。多措并举，推动各地加快推进试点。二是加强工作质量监管。联合相关部门加大督导力度，确保工作质量。三是加快数据平台建设。加强对确权数据的质检和汇交，加快平台建设。四是推动确权成果应用。

## 二、农村土地流转情况

近年来，农村土地经营权流转总体健康有序，呈现以下特点：一是土地经营权流转增速逐渐趋稳。截至2016年底，全国家庭承包耕地流转面积4.79亿亩，比2015年底增长7.3%，增速同比下降3.5个百分点。流转面积占家庭承包经营耕地面积的35.1%，比2015年提高1.8个百分点。流转出承包耕地的农户达6788.9万户，占家庭承包农户数的29.7%，比2015年上升2.2个百分点。二是转包和出租仍是流转的主要方式。耕地流转方式仍以转包和出租为主，分别为2.26亿亩和1.68亿亩，占流转总面积的比重分别为47.1%和35.1%；以入股方式流转土地面积为0.24亿亩，占流转总面积的比重为5.1%；以互换、转让方式流转面积的比重分别为5.4%和2.7%。三是耕地流转入合作社和企业的比重保持稳定。在全部流转耕地中，流转入农户（包括专业大户、家庭农场）的面积为2.8亿亩，占耕地流转面积的58.4%，比上年下降0.3个百分点；流转入合作社的面积1.03亿亩，占耕地流转面积的21.6%，占比下降0.2个百分点；流转入企业的面积0.46亿亩，占耕地流转面积的9.7%，占比提高0.2个百分点；流转入其他主体的面积0.5亿亩，占耕地流转面积的10.3%。四是土地流转规范化程度进一步提高。耕地流转双方签订流转合同5139.6万份，涉及流转耕地面积为3.27亿亩，分别比2015年增长10.1%和8%；流转合同签订率为68.2%，比2015年增加0.4个百分点。五是流转用于种粮的面积占近六成。农户流转出的承包耕地中，用于种植粮食作物面积为2.71亿亩，占流转总面积的56.5%，比2015年下降0.2个百分点。六是规模经营农户数量持续小幅增加。经营规模50亩以上的农户数持续增加，达到376.2万户，比2015年增加19.6万户，增长5.5%，占总农户数的1.4%。其中，经营规模50—100亩、100—200亩、200亩以上的农户数分别为252万户、88万户、37万户，占50亩以上农户数的67%、23.3%、9.7%。

## 三、土地承包经营纠纷调解仲裁情况

农村土地承包经营纠纷调解仲裁法颁布实施以来，各级政府及农村土地承包管理部门积极主动贯彻落实，农村土地承包经营纠纷调解仲裁工作不断加强，在农村土地承包经营纠纷总体上呈增长态势的情况下，绝大多数纠纷得到了及时有效的化解。一是农村土地承包经营纠纷调解仲裁配套制度基本健全。按照农村土地承包经营纠纷调解仲裁法要求，农业部、国家林业局陆续修订发布了一系列规范性文件，以法律为核心、以《农村土地承包经营纠纷仲裁规则》《农村土地承包仲裁委员会示范章程》为骨干的仲裁工作制度体系已基本建立。配套文件包括《农村土地承包经营纠纷仲裁法律文书示范文本》《农业部关于加强农村土地承包经营纠纷调解仲裁培训工作的意见》《农村土地承包经营纠纷调解仲裁员培训大纲》《农村土地承包经营纠纷调解仲裁工作规范》和《仲裁工作流程图》等，仲裁工作总体上有法可依，有章可循。二是农村土地承包经营纠纷调解仲裁体系不断健全。仲裁委员会数量逐年增长，仲裁员队伍不断壮大，乡村调解组织不断健全。截至2016年底，全国已设立仲裁委员会2472个，聘任仲裁员3.9万名，其中县级仲裁委员会达到2374个，基本覆盖全国各涉农县（市、区）。根据2016年专项调查，乡镇一级设立农村土地承包调解委员会31716个，村级调解组织59万个。“乡村调解、县市仲裁、司法保障”的农村土地承包经营纠纷调解仲裁体系已基本健全。县以上农村土地承包管理部门普遍开展了有针对性的仲裁员队伍培训，仲裁队伍整体业务素质有较大程度提升。三是纠纷调解仲裁工作不断推进。全国约有900多个仲裁委员会实际启动了仲裁程序，没有启动仲裁程序的仲裁委也普遍加强了纠纷调解工作，对涉及人数较多、矛盾较大的纠纷，仲裁委主动派人深入乡村，指导或与乡镇、村级组织共同进行调解。据农业部统计，2010—2016年，30个省（区、市，不含西藏）县乡村累计受理农村土地承包经营纠纷185.89万件，其中，乡村调解150.34万件，仲裁案件13.18万件。

绝大部分纠纷通过乡村调解和县市仲裁能够得到化解，2010—2016 年县乡村三级受理纠纷当年调处率基本保持在 88% 左右。

从纠纷发生总体情况看，土地承包纠纷明显增加，由 2014 年的 14.84 万件增长到 2016 年的 25.71 万件，年均增长 32.1%。土地流转纠纷也呈逐年增长，由 2014 年的 9.17 万件增长到 2016 年的超过 10 万件。从仲裁委员会受理的案件类型看，主要是承包地边界纠纷、未实际取得承包权纠纷、农户间口头转让承包地纠纷、农户与经营大户及企业之间的流转纠纷、侵害妇女承包权益纠纷等。从纠纷的发生和变化角度看，二轮土地承包政策法律落实不到位给纠纷的产生和化解留下了隐患。从纠纷的调处方式看，无论是纠纷当事人还是基层政府都倾向于首选调解方式化解纠纷。实践看，乡村调解发挥了重要作用，使绝大多数纠纷得到了化解，一些地方实现了“小事不出村，大事不出乡”。即使是对确权登记颁证工作中出现的大量矛盾纠纷，地方政府也注重发挥村民民主协商的作用，更多地依靠乡村调解、县土地承包管理部门靠前指导的方式化解。选择仲裁方式的都是争议较大、意见严重对立、对抗性较强、当事人难以达成合意的纠纷，仲裁纠纷数量虽然占纠纷总量比重不高，但仲裁对化解矛盾发挥了重要的示范作用。

## 四、工商资本租赁农地监管情况

2014年，中办、国办《关于引导农村土地经营权有序流转发展农业适度规模经营的意见》明确提出，加强对工商企业租赁农户承包地的监管和风险防范。为贯彻落实中央要求，2015年农业部、中央农办、国土资源部、国家工商总局印发了《关于加强对工商资本租赁农地监管和风险防范的意见》，要求对工商资本长时间、大面积租赁农户承包地建立上限控制、分级备案、审查审核、风险保障金和事中事后监管等“五项制度”。各地积极建立健全相关制度，取得一定成效。一是建立农地流转审查监督制度。全国23个省277个市1223个县出台了实施意见，对把握政策界限、建立健全监督防范制度、完善相关工作措施做出了规定。171个市1338个县建立了农地流转审查监督机制，对工商企业大面积、长时间租赁农户承包地实行监管。二是审查监督机制作用初步显现。截至2016年，全国共审查工商资本租赁农地38.59万宗，其中有5.07万宗流转未通过审查，约占审查总数的13%，对于从源头预防风险发挥了重要作用。工商资本通过审查审核后租赁农地面积2729万亩，约占2016年土地流入企业面积的59%。

从各地反映情况看，建立健全工商资本租赁农地监管机制过程中还存在一些困难和问题。一是监管手段不足。

已经建立监管制度的地区反映，由于没有法律授权，对不按要求审核备案的租地企业无法监管，而且农业部门也难以协调公安、国土、工商等有关部门进行联合审查监督。二是基层农经机构亟待加强。从地方实践看，开展工商资本租地审核主要依托县乡农经管理部门，但当前许多地方乡镇农经机构弱化，专职人员缺失，导致一些资质审查工作难以顺利开展。

**五、草地承包情况**

草原承包经营制度是我国农村基本经营制度的重要组成部分，是党在牧区政策的基石。

我国草原面积近 60 亿亩。草原承包经历了三个阶段。第一阶段为探索试点阶段，始于 20 世纪 80 年代初。第二阶段为推进实施阶段，始于 20 世纪 90 年代初。第三阶段为规范提高阶段，始于 20 世纪 90 年代末。2002 年 9 月国务院《关于加强草原保护与建设的若干意见》明确提出，要按照长期到户的原则，进一步推行草原家庭承包经营制，落实草原生产经营、保护与建设的责任。2003 年 3 月修改实施的草原法，对草原承包作了更加具体的规定，为进一步推进草原承包经营制的落实奠定了法律基础。

从各地实践看，当前草原承包主要有家庭承包、联户承包和其他承包方式等三种形式。家庭承包是指依法拥有草原所有权的集体经济组织或依法获得国有草原使用权的集体经济组织（国营农场）将草原承包给家庭经营的承包方式，适用于人均草原面积较大的牧区和基础设施较好的人工草地、割草地。目前已承包草原中79%是家庭承包。联户承包是指依法拥有草原所有权的集体经济组织或依法获得国有草原使用权的集体经济组织内部的多个农牧户联合承包经营一片草场，主要适用于人均草原面积较小、不便细化到户的牧区和半牧区草原。目前已承包草原中19%是联户承包。其他承包方式包括竞价承包、专业户承包、租赁承包等，是指依法拥有草原所有权的集体经济组织或依法获得国有草原使用权的集体经济组织通过招标、拍卖、公开协商等方式开展的草原承包，适用于农区户均面积较小的草地和地处偏远、管理不便或者质量较差的草场。其他方式承包占2%。

我国草原承包呈现三个主要特点。一是牧区县草原承包落实情况较好，管理比较规范，且大多实现了家庭承包。截至目前，108个牧区县草原承包面积23.6亿亩，占其草原总面积的97%，其中承包到户的为20.5亿亩。二是草原承包确权历史遗留问题较多，各地在九十年代划分草场时受当时客观条件所限，存在四至不清、程序不规范、合同不完善等问题，各地妥善解决历史遗留问题、疏解牧民间纠纷的压力较大。三是部分省区国土二调数据与已落实的草原承包面积间存在较大出入。如内蒙古自治区公布的国土二调草原面积为8.87亿亩，但自2011年以来，内蒙古实际落实草原补奖政策面积为10.4亿亩。

截至目前，全国累计承包草原43.1亿亩，占全国草原面积的73.2%。其中，268个牧区半牧区县承包草原32.4亿亩，占其草原面积的92.4%。

**六、林地承包情况**

（一）林地确权登记基本情况

1951年根据政务院《关于适当地处理林权明确管理保护责任的指示》中“零块分散的山林，由县人民政府发给林权证明”的规定，我国对农村山林确权发证由此开始。1981年，按照中共中央、国务院《关于保护森林发展林业若干问题的决定》要求，“国家所有、集体所有的山林树木，或个人所有的林木和使用的林地，以及其他部门、单位的林木，凡属权属清楚的，都应予以承认，由县或者县以上人民政府颁发林权证，保障所有权不变”的有关规定，原林业部组织开展并基本完成了“林业三定”（稳定山权林权、划定自留山和确定林业生产责任制）的全国集体林地所有权确权登记发证工作。1985年的《中华人民共和国森林法》关于“全民所有的和集体所有的森林、林木和林地，个—9—人所有的林木和使用的林地，由县级以上地方人民政府登记造册，核发证书，确认所有权或者使用权”的规定，标志着我国对森林、林木和林地所有权、使用权登记发证的法律制度由此正式确立。

根据2003年、2008年中共中央、国务院先后颁发的《关于加快林业发展的决定》和《关于全面推进集体林权制度改革的意见》，完成了“明晰产权、承包到户”为主要内容的集体林权制度改革。截至目前，全国集体林地28亿亩，已确权面积27.05亿亩，占各地纳入集体林权制度改革面积的98.97%。其中：家庭承包经营14.28亿亩（均山到户12.51亿亩、联户承包1.77亿亩），占已确权面积的52.79%；自留山3.91亿亩，占已确权面积的14.45%；集体统一经营6.17亿亩（含集体股份制经营4.16亿亩），占已确权面积的22.81%；其他方式承包2.69亿亩，占已确权面积的9.95%。全国已发放林权证1.01亿本，发证面积26.41亿亩，占已确权林地总面积的97.65%。

（二）集体林权流转与抵押贷款情况

2009年以来，全国集体林地流转面积累计达2.83亿亩，占已确权林地面积的10.48%，其中近七成面积流向了工商资本。全国林权抵押贷款累积达3000多亿元；2016年底，全国林权抵押面积近1亿亩，贷款余额1300多亿元，比2010年增长近3倍，占林业贷款余额的比重提高了8个百分点。

实践中，林地承包经营纠纷累计超百万件中，流转纠纷是大头。一是强迫或欺诈承包农户流转。个别地方违背承包农户意愿流转、低价流转导致纠纷呈上升趋势，并诱发群体性上访事件，难以调处。二是流入林权方搞“圈地炒林”投机性问题严重。地方反映，有的工商资本流转林权后没有搞经营，主要是寻租倒卖、囤地升值、套取强林惠林政策、改变林地用途和林地性质等投机行为，攫取数倍的违规收入，没有达到流转实现规模经营的目的。三是“林权资本运作”抬头。随着林权流转非法集资打击力度加大，林权流转搞资本运作苗头呈上升趋势。有的地方出现了只要林权证、不要林权的低价购买林权证的“林权流转”苗头。基本路径为：首先，工商资本通过村组干部等农村“能人”组织大规模低价收购林权证；其次，通过评估公司“低价高评”提升森林资源资产账面价值，然后到资本市场融资或金融机构贷款套取资金，最后抽逃资金、拍卖林权，形成了一个完整的“灰色”利益链条。该势态如蔓延会增加不良贷款率、触发风控，需引起高度重视。另外，森林资源资产“低价高评、高价低评”现象会扰乱森林资源资产评估市场，影响林权抵押贷款业务发展。建议，一是赋予行业部门对林权流转的监管职责。

建立对工商企业等社会资本流转土地经营权的监管制度，加强土地经营权流转的事中事后监管。二是实行流转双方面签制度。确保流转双方真实流转意愿表达，也可发挥行业部门信息集中优势提供警醒服务，做到事前预防。三是推行林权流转信息公示制度。流转信息公开，可及时接受全社会监督，做到尽早发现，减少纠纷调处。

（全国人大农业与农村委员会法案室根据农业部、国家林业局有关材料整理）

# 编后语

为配合学习宣传贯彻农村土地承包法，我们组织编写了农村土地承包法导读，希望能为读者理解、掌握和运用农村土地承包法提供帮助。

本书编写组的成员都是全国人大农业与农村委员会法案室、中央农办、农业农村部直接参与农村土地承包法修改工作的同志。全书由张福贵同志负责统稿，刘振伟同志、韩俊同志审校。

农村土地承包法作为一部主要规范农村土地承包以及各方权利义务的法律，涉及农村基本经营制度的巩固和完善、农村集体土地制度改革等，非常重要。在起草工作中，第十二届第十三届全国人大常委会副委员长吉炳轩、第十二届全国人大常委会副委员长张宝文、第十二届全国人大农业与农村委员会主任委员陈建国、第十三届全国人大农业与农村委员会主任委员陈锡文、农业农村部部长韩长赋给予了大力支持，推进了立法进程。由于水平有限，书中难免有错误和遗漏等不妥之处，敬请读者批评指正。

本书编写组

2019年9月

**图书在版编目（CIP）数据**

中华人民共和国农村土地承包法导读/刘振伟，韩俊主编.—北京：中国法制出版社，2020.4

ISBN 978-7-5216-0789-5

Ⅰ.①中… Ⅱ.①刘…②韩… Ⅲ.①农村土地承包法-法律解释-中国 Ⅳ.①D922.325

中国版本图书馆 CIP 数据核字（2020）第 003197 号

策划编辑　谢　雯
责任编辑　赵律玮　白天园　王紫晶　　　封面设计　李　宁

**中华人民共和国农村土地承包法导读**

ZHONGHUA RENMIN GONGHEGUO NONGCUN TUDI CHENGBAOFA DAODU

主编/刘振伟，韩俊
经销/新华书店
印刷/三河市紫恒印装有限公司
开本/880 毫米×1230 毫米　32 开　　　印张/10.5　字数/178 千
版次/2020 年 4 月第 1 版　　　2020 年 4 月第 1 次印刷

中国法制出版社出版
书号 ISBN 978-7-5216-0789-5　　　定价：46.00 元

北京西单横二条 2 号
邮政编码 100031　　　传真：010-66031119
**网址：http：//www.zgfzs.com　　　编辑部电话：010-66010493**
**市场营销部电话：010-66033393　　　邮购部电话：010-66033288**